Volker von Schintling-Horny

DIE HIMMLISCHE UND DIE IRDISCHE LIEBE

Ein Künstlertagebuch
von
Karl von Schintling   Staudach im Chiemgau

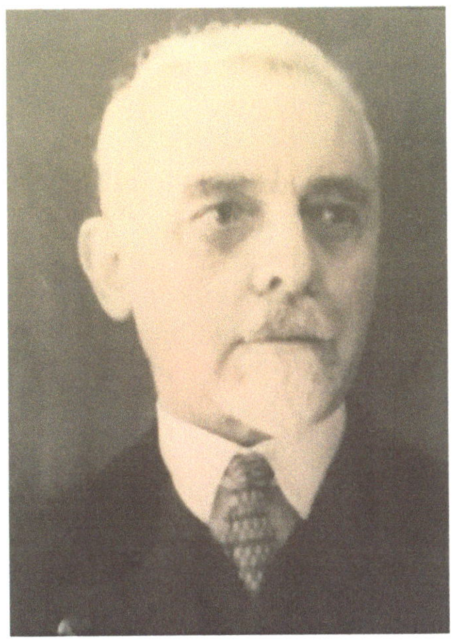

1866 --- 1944 in Staudach

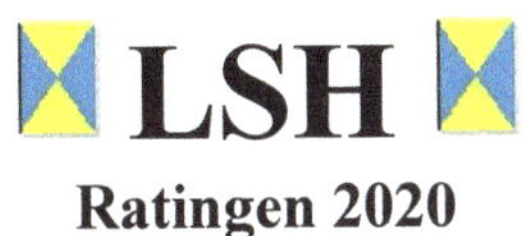

LSH

Ratingen 2020

Impressum:
Verfasser: Karl von Schintling
Herausgeber:
© 2020 LSH Volker von Schintling-Horny
Layout u. Umschlaggestaltung:
Umschlagbilder: Volker von Schintling-Horny
Titelbild: Christopherus, Wikipedia
Buchrückseite: Karl von Schintling

Verlag und Druck: tredition GmbH
Halenreie 42   22359 Hamburg
ISBN   978-3-347-00424-5 (Paperback)
         978-3-347-00425-2 (Hardcover)
         978-3-347-00426-9 (e-Book)
                    1. Auflage 2020

Inhalt

DIE IRDISCHE UND DIE HIMMLISCHE LIEBE

Ein Künstlertagebuch
von
Karl von Schintling   Staudach am Chiemsee

V O R W O RT des Verfassers

Beim Ordnen des Nachlasses eines 1914 im Krieg in den Vogesen gefallenen Malers, der mir während langer Jahre ein Freund gewesen ist, fand ich das Manuskript des Tagebuches, von dem ich hier einen Auszug wiedergebe. Ich mußte mich dabei auf das beschränken, was für die Charakteristik des Autors als Mensch und Künstler, wesentlich ist und was im Zusammenhang mit dem Roman steht, den er erlebt hat. Das habe ich herausgeschält, Nebensächliches aber weggelassen. Der Verfasser des Tagebuches hatte keine näheren Angehörigen. Daß die Veröffentlichung heute, da keine der Hauptperson mehr lebt, seinem Willen nicht widerspricht, weiß ich aus gelegentlichen Äußerungen meines armen Freundes.

Karl von Schintling, Staudach 1922. Durchgesehen 1939

V O R W O RT des Herausgebers

Ein Jahr nach meiner Geburt, hat mein Adoptiv-
Großvater Karl dieses Manukript fertiggestellt. Über 80
Jahre hat es nun geschlummert. Dabei fällt mir ein: Ich
habe drei Großväter. Den Vater meines Vaters August
Horny, den Vater meiner Mutter Georg Lüdeke und den
Bruder meiner Goßmutter Marie Horny - Karl von
Schintling -. Dieser Karl hat meinen Vater Walter Horny
adoptiert weil seine Familie ausgestorben ist. Ich habe
nun drei Großväter und einem neuen Namen. Dieser
Adoptivgroßvater Karl war Kommandeur des
Leibregimentes des letzten Bayrischen
Königs Ludwig III in München. Er war ein Natrfrend und
auch Imker, ein kluger Kopf. Karl hat viel Geschichten,
Gedichte und Fabeln verfaßt. Karl konnte chinesisch, er
ging gerne zur Jagd und da er in Bayern am Chiemsee
lebte ging er jedes Jahr mit seiner Frau Marie, geb. von
Frölich, eine Woche aufs Oktoberfest nach München.
Dieses Künstlertagebuch erzählt neben der spannenden
Liebesgeschichte eines Malers und einer reichen
Offizierstochter von dem Urgrund alles
Kunstgeschehens.

Durchgesehen, Hörschhausen im August 1996 und
Ratingen im Januar 2020

Volker von Schintling-Horny

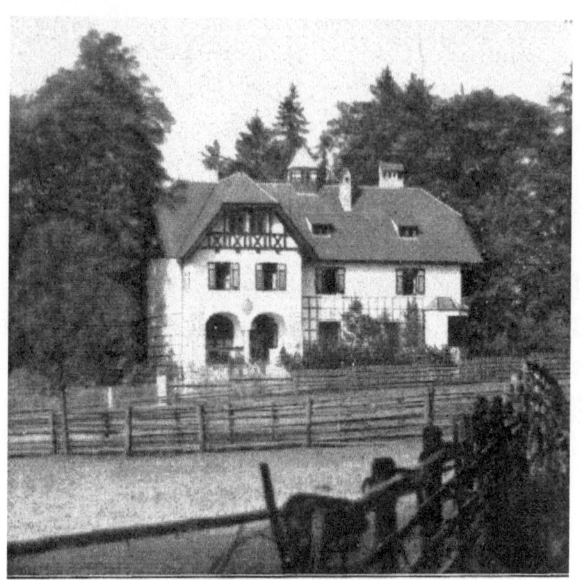

Staudach im Chiemgau

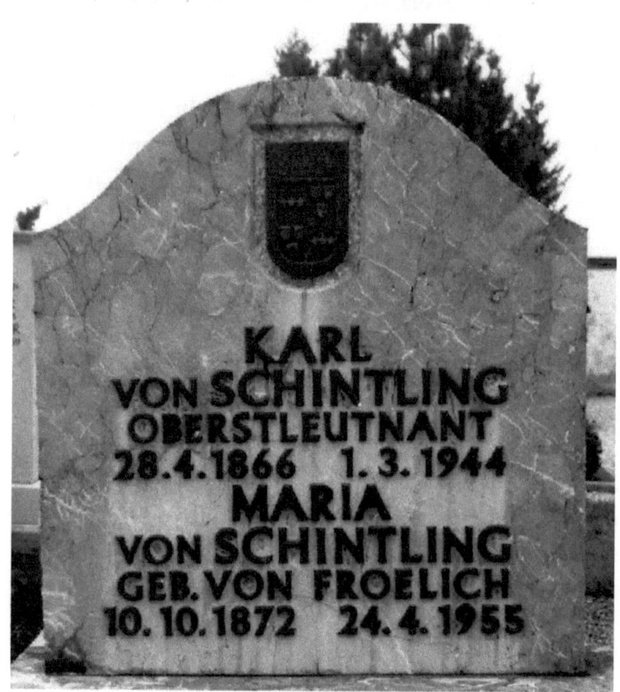

DIE HIMMLISCHE UND DIE IRDISCHE LIEBE

Irgendwo las ich einmal, der Körper des Menschen erneuere sich fortwährend; nach etwa sieben Jahren - ich glaube, so hieß es, bestehe kein Organ mehr aus demselben Stoff wie ehedem. Meine Seele und mein Geist haben sich also nun bereits drei- bis viermal ein neues Gewand machen lassen - oder selbst gemacht? Ich bin nicht mehr derselbe, der ich in meiner Jugend war, und nach etwa sieben Jahren habe ich einen neuen Körper. Nun denn, an diesen Andern will ich schreiben und ihm erzählen, was sein Vorgänger erlebt und gedacht hat, vielleicht weiß er nicht mehr viel davon. Doch der Geist? Der wird mit dem Körper nicht ausgewechselt! Schließlich schreibst du dir da überflüssigerweise lauter bekannte Sachen? Mag sein, aber wenn ich versuche, mir meinen Geisteszustand als Kind zu vergegenwärtigen, so sage ich mir zwar einerseits: ja, gewiß, das bin ich noch, aber dann auch wieder: nein, so ganz bin ich das denn doch nicht mehr. Nicht nur körperlich vermag ich mich nicht mehr mit jenem schwächlichen, ängstlichen Bübchen zu identifizieren, das sich von jedem derb knochigeren Lümmel hänseln und prügeln lassen mußte, ich bin auch psychisch nicht mehr mit dem dummen, unerfahrenen Jungen zu vergleichen, der wehr und ratlos war, wenn ihn talentlose Pädagogen schuhriegelten und blödsinnig bestraften. Die sollten sich heute noch einmal an mich heranwagen! Ich würde ihnen zeigen, daß nicht nur mein Körper eine zur Abwehr tauglichere Maschinerie geworden ist, sondern daß sich auch mein Geist derart gewappnet hat, daß ihre Mistgabeln schmählich zersplittern, sofern ich sie ihnen nicht schon aus der Hand schlage, ehe sie meinen seelischen Panzer erreichen. Also hat sich mein Geist doch auch mit seinem Wohngehäuse verändert, und beide, Leib und Seele verhalten sich zu ihren früheren Zuständen etwa so, wie das ausgeführte Gemälde zur Skizze. Dabei trifft auch das zu, daß sich die Skizze gewöhnlich gegenüber dem fertigen Bild durch stärkere Originalität und einen frischeren Schmiß auszeichnet, was nicht gerade in vorteilhaftem Sinn für meinen jetzigen Zustand spricht. Sonach ist es also kein müßiges Beginnen, wenn ich für mein späteres Ich aufzeichne, was sein Vorläufer, oder seine Skizze, oder wie man das sonst nennen will, erfahren, getan gewollt und ersehnt und vielleicht auch gelitten hat. Welche Empfindungen das Abgetane einst ausgelöst, vermag man in späteren Jahren ja doch nicht mehr so zu fühlen, wie damals, als die Eindrücke noch frisch waren, auch wenn die Begebenheiten selbst noch nicht ganz verblaßt sind. Die Farben eines alten Gemäldes sind verändert, die Formen nicht. Der trübe Firnis und die Patina mildern das Grelle. Wenn ich dereinst meine irdische Hülle abgestreift haben werde, und man sie in den Schrein legt, sollen meinetwegen auch andere, denen meine Aufzeichnungen unter die Hände kommen, sie lesen. Mögen sie sich dann denken, ich hätte mein Leben besser anders einrichten sollen, oder was sie sonst wollen, mir kann's gleich sein.

■

Das ich die Laune habe, einmal den Pinsel mit der Feder zu vertauschen, erklärt sich wohl daraus, das seit meiner Erkrankung in meiner Seele keine Gesichtsvorstellungen mehr nach Gestaltung drängen. Ich bin wie ausgepumpt. Ein Blatt Papier oder eine Leinwand kann ich anstarren, ohne dass sie sich mit Figuren beleben wie ehemals. Mir ist, als hätte ich niemals Stift und Pinsel geführt. Vielleicht hat sich mein Organismus während meiner Krankheit mit einem Ruck geändert, und das bisschen Bildnertalent ist mit dem Krankheitsstoff ausgestoßen worden? Sonderbar! Ich bin darüber weder bestürzt, traurig noch beunruhigt. Selbst wenn ich mir vorstelle, dass mir niemals wieder ein Strich gelingen wird, ist mir's gleich.

Ich habe kein anderes Verlangen als die wonnige Ruhe zu genießen; sie ist auch wohltuend, nicht nur das Schaffen; ja, ich habe geradezu das Bedürfnis, nicht mehr in Bildern, Formen und Farben zu denken. So will ich's also mit dem Wort ersuchen.
So muß den Abgeschiedenen zumut sein, wenn sie aus einer besseren Welt zurückblicken auf das irdische Getriebe, das sie nichts mehr angeht. Sie lächeln über ihre einstigen Sorgen, Leiden und Wünsche. Wieder ein gründlich verfaulenzter Tag!

Nichts getan, rein gar nichts. Das hätte ich früher nicht fertiggebracht, als noch alles in mir brodelte und gärte. Dabei ist die Welt hier so farbenprächtig, und auf Schritt und Tritt spricht einen ein malerisches Motiv an, ja, schreit geradezu: nimm mich mit! nimm mich mit! Aber ich bin hartherzig und antworte: bleibt nur, ihr Berge, Hügel und Wälder und Wiesen, wo euch der Schöpfer hingeschaffen hat, in eurem Naturraum, und für euch, ihr Blüten, ist es besser, ihr entwickelt euch zu braven Äpfeln, Birnen und Pflaumen, als dass euch ein armseliger Maler zu einem Bild verwurstet und dabei vergeblich unserem Herrgott Konkurrenz zu machen versucht. Ich will mich an Teurer Pracht und an purem Duft erfreuen, aber lasst mich sonst ungeschoren! Der Schmetterling und die Bienen wollen auch nichts anderes von euch als den Genuss eurer Süßigkeit. Und ihr, ihr grünen Matten, lasst euch von den Kühen auffressen, auf dass euch die Bäuerin verbuttern kann, das ist nützlicher, als gemalt zu werden. Und euch Bäume sehe ich schon im Geist wie lange, abgeschälte Stämme auf dem Lastwagen hinausrollen ins Land, damit sich der Händler, der euch als Werkholz verschachert, die fetten Hände reiben kann vor Freude über den schönen Profit. Ein Porträt von euch wäre keine so gute Ware. Das entspricht auch mehr dem Zeitgeist, als wenn euch ein Maler auf der Leinwand verunstaltet, und ihm dann die Kritiker die Haut abziehen, wie euch der Waldarbeiter die Rinde. Ich will mich zum Spießbürger wandeln. Für diesen herrlichen Faulheitsgenuß bin ich dem seligen Blasius Ignatius Grasmaier innigen Dank schuldig. Ich werde morgen ihn auf dem Friedhof besuchen und ihm schöne Blumen aus meinem Garten aufs Grab legen. Wenn ich frömmer wäre, würde ich auch ein paar Vaterunser für sein Seelenheil beten. Ich denke jedoch, das hat er gar nicht nötig, denn für die wundervolle Idee, das idyllische Landhaus testamentarisch erholungs bedürftigen Künstlern als Freistatt zur Verfügung zu stellen, sind ihm sicherlich die Pforten des Paradieses auch ohne Fürbitte sperrangelweit offen gestanden und ihm seine etwaigen Sünden in Bausch und Bogen vergeben worden. Ich will meinen Zimmernachbarn, den Dichter, dazu anstiften, seine langweiligen Manuskripte einmal beiseite zu legen und einen Lobhymnus auf Blasius Ignatius zu dichten, und der dürre Musikus, der im Zimmer über uns beständig an seiner Violine kratzt, soll's vertonen; während er im Garten seinen Rheumatismus durch Sonnenbäder loszuwerden sucht, hat er Zeit dazu. Das sind die beiden dem Andenken des Wackeren schuldig. Dass wir ihn immer nur Blasius Ignatius Grasmaier nennen, wird uns der alte Herr nicht posthum übelnehmen; ich bin   sicher, dass er genügend Humor hatte, sonst wäre er den   Künsten und den Künstlern nicht so wohlgesinnt gewesen. Eigentlich hieß er Konrad von Schellendorff und war ein Reiteroberst, der sich nach seiner Pensionierung hier in dem stillen Winkel am Fuß der Berge sein Nest gebaut hat. Und dabei hat er keinen schlechten Geschmack bewiesen. Schon die Lage! Abseits von der staubigen Landstraße, dicht am Bergwald, liegt das Haus inmitten eines Gartens, der einst ein Stück des Walds gewesen ist. Die schönsten und ältesten Bäume, riesige Tannen, Buchen, Eichen und Ahorn sowie ein paar Föhren, alles wild durcheinanderwachsend, hat der Oberst stehen lassen. Nur so viel ist ausgerodet, als für das Gebäude und für einen kleinen Obst und Gemüsegarten an Platz notwendig war. Von dem höhergelegenen Teil des Waldgartens aus blickt man hinaus, weit über das Moos, bis hinüber zum See, den man in einer halben Stunde erreichen kann. Auf der anderen Seite hat man einen wundervollen Blick auf die Berge. Außen ist das Haus einfach, aber nett und freundlich; innen ist alles altertümlich ausgestattet, die Diele, mit Zirbenholz getäfelt, schmücken alte Renaissanceschränke und italienische geschnitzte Truhen, ferner alte, echte Teppiche, und einige vortreffliche alte Ölgemälde von guten Meistern. Man hat alles so lassen müssen, wie es zu Lebzeiten des Stifters war. Daneben liegt das Musikzimmer im Zopfstil, worin ein wunderschöner Blüthner-Flügel steht, den unser Komponist eifrig bearbeitet, solange er nicht geigt. Von da gelangt man in das Speisezimmer, von uns auch Grasmaier-Zimmer genannt. Es ist nämlich hier eine hübsche, aus einem alten Tiroler Wirtshaus stammende Täfelung nebst Holzplafond eingebaut, und eine Inschrift in Holzintarsia über der Türe künden den Namen des Wirtes: GRASMAIER Nur die vier Wohnzimmer in den oberen Stockwerken sind modern ausgestattet, ganz einfach, aber komfortabel und praktisch. Sie dienen jetzt den Künstlergästen als Schlafstuben. Unten wohnt ein Hausmeisterehepaar, das Haus Garten und die Gäste zu versorgen hat, wofür dem Künstler Unterstützungsverein von dem Obersten ein Kapital als Legat überwiesen worden ist. Die braven Leute waren schon lange Zeit in seinem Dienst gewesen. Meine drei Mitgäste stören mich nicht im geringsten; ich sehe sie eigentlich nur bei den Mahlzeiten. Außer dem Schriftsteller und dem Musikus ist noch ein Maler da, ein blasser, stiller, junger Mensch, der fleißig arbeitet. Ich hüte mich, ihm zuzusehen. Ich habe wieder einen Rückfall gehabt. Zwei Tage lang hat es ununterbrochen geregnet und gestürmt. Ich lag die meiste Zeit zu Bett und kam nicht aus dem geheizten Zimmer. Man hat mir das Essen heraufgebracht, ich habe es aber kaum angerührt. Merkwürdig was das Wetter für einen Einfluß auf die Stimmung hat. Nicht einmal lesen wollte ich, nur stumpfsinnig vor mich hinstarren. Trübselig wie draußen sah es in meinem Innern aus. Das alte Elend ist wieder über mich gekommen. Ich mußte viel an Resa denken, trotz meines ernstlichen Vorsatzes, sie zu vergessen. Ob sie wohl schon Hochzeit gemacht hat. Aber nein! Ich will mir diese Gedanken einfür allemal aus dem Kopf schlagen. Ich will! Ich darf nicht mehr an das Vergangene denken, es ist abgetan. Es war eine Eselei von mir, daß ich nicht gleich gemerkt habe, ihr Herz gehöre bereits einem anderen, und ihre Gefühle für mich seien nur Freundschaft, nichts weiter. Aus! Nachtfrost. Die ganze Blütenpracht ist dahin. Traurig hängen die kürzlich noch so jugendfrischen Blüten an den Zweigen. Die Bienen, die sie umschwärmen, fliegen enttäuscht wieder davon, ohne in die Kelche zu schlüpfen. Nur ein paar Hummeln suchen dennoch beharrlich nach Nektar. Es wird heuer wenig Ost geben, sagen die Bauern. Es ist ein Jammer, die Blüte war doch so vielversprechend, aber so geht's auf Erden. Auf den Bergen liegt Neuschnee bis tief herunter. Ich hätte nicht gedacht, daß das Vergessen so schwer ist. Hoffentlich muß ich damit nicht warten, bis sich mein Körper nach sieben Jahren oder mehr abermals erneuert haben wird. Heute scheint die Sonne wieder. Seit dem frühen Morgen hört man aus dem Wald Kuckucksruf. Die Burschen sind wie toll. Einer ist dabei, der sich nicht mit dem gewöhnlichen Ruf begnügt, er balzt: kuckuckuck. Der muß besonders verliebt sein; er glaubt gewiß, seiner Schönen durch Absonderlichkeit imponieren zu müssen. Ich will in den Wald hinausgehen; vielleicht bekomme ich einen der Kuckucke zu sehen. Aus der wohlbestellten Grasmaier'schen Bibliothek nehme ich mir einen Band Goethe mit. Abends: Ich habe den Kuckuck nicht zu Gesicht bekommen. Als ich eine Weile im Moos unter den Bäumen gelegen und geträumt hatte, kam unser

Musikus des Weges. Ich war zunächst unwillig über die Störung und wollte ihn mit inem kurzen Gruß abfertigen, aber er setzte sich zu mir und begann ein Gespräch, und bald merkte ich, daß er gar nicht so uninteressant ist wie, ich glaubte. Wir sprachen über Kunst. Ich verstehe nichts von Musik, aber längst war mir eine Ahnung aufgedämmert, daß die Prinzipien des künstlerischen Schaffens in allen Zweigen der Kunst die gleichen sein müßten. Durch das, was mir der Komponist über die Musik zu erklären versuchte, fand ich meine Vermutung bestätigt. Auch in der bilden den Kunst ist Rhythmus alles. Motivische Abwandlung, sogar kontrapunktische Lösung gibt's hier wie dort. Aber um wieviel besser ist der Musiker daran! Ihn binden nicht die Fesseln an Naturtatsachen, die von uns armen Malern nie und nimmer gesprengt werden können, wollen wir nicht den Boden verlassen, auf dem die bildende Kunst nun einmal zu wurzeln verdammt ist. Sie ist zu einem guten Teil von dieser Welt. Die Musik ist viel überirdischer. Natur, wie sie Gott geschaffen hat, und künstlerisches Gestalten nach unserem eigenen Sinn mit einander in Einklang zu bringen, ist das uns gestellte Problem, und es ist unlösbar, wenigstens nicht restlos lösbar, gleich der Quadratur des Zirkels. Nach der einen oder anderen Seite hin müssen wir Konzessionen machen, oder nach beiden Seiten hin. Wir brauchen Erdnahrung und himmlischen Tau und Himmelslicht zugleich. Das ist unser Fluch. Die Prometheuse, die mit Linien und Formen und Farben ganz frei musizieren zu können glauben und dabei auf unseres Herrgotts Schöpfung pfeifen, sind auf dem Holzweg. Sie haben sich von ihren Wurzeln losgerissen und werden bald verdorren wie eine abgeschnittene Blume. Ich kann mir auch nicht denken, daß ein

Schriftsteller was Gescheites schreiben kann, wenn er es nicht erlebt hat, was er dichterisch verarbeitet. Goethe hat nur Erlebtes künstlerisch gestaltet. Dabei verstehe ich "Erleben" sowenig plump sinnlich, wie beim Malen das "Erschauen". Man kann auch einfühlend erleben und erschauen, so wie zum Beispiel Shakespeare seine Dichtun gen "erlebt" hat. Julius Caesar und König Lear und den Hamlet hat er natürlich auch nicht gerade persönlich gekannt, und hat sie dennoch "erlebt". Ich meine nur, auf etwas Reales muß sich die künstlerische Inspiration schließlich stützen, sie kann nicht lediglich auf Nervenzuckungen beruhen. Wie beneide ich den Musiker um die Freiheit seines Höhenflugs! Noch eines haben beide Künste gemeinsam, und mir scheint, auch die dritte Schwester, die Dichtkunst, an dem gleichen Übel zu kranken: die Luft unserer materialistischen Epoche bekommt der zarten Pflanze Kunst nicht gut. Man lasse sich nicht durch die Masse der Kunstproduktion unserer Zeit täuschen. Das Niveau der Leistungen ist auf keinem Gebiet ein sehr hohes. Wir sitzen arg auf dem Trockenen. Die Quellen sind versiegt. Wir müssen ganz neue suchen, aber es wird schwer halten, sie zu finden, und lang wird's dauern. Der ganze Zeitgeist muß erst ein anderer werden, ehe uns der Kastalische Quell wieder zu sprudeln beginnt. Kunst ist ja eine der Ausdrucksformen der Kultur überhaupt, und unsere Kunst ist also auch danach. Das alles empfindet auch unser Musikus, und er ist recht unbefriedigt von seinem Schaffen. Das nimmt mich für ihn ein. Nachdenklich und bedrückt kam ich nach Hause. Der Dichter saß auf der Bank im Garten und schrieb eifrig. Er scheint unter der Dürftigkeit der Zeit nicht zu leiden, der glückliche Unglückliche. Nach dem Abendessen zeigte mir der junge Maler etwas

15

verschämt aber mit schlecht verhülltem Stolz sein Skizzenbuch und einige Entwürfe zu Figurenbildern. O glücklich, wer noch hoffen kann, aus diesem Meer des Irrtums aufzutauchen! Ich wollte den Ärmsten nicht durch eine abfällige Bemerkung kränken und sagte nur ein paar gleichgültige Worte. Er ist schwindsüchtig wie seine Kunst. Möge sie ihm ein Trost bleiben auf seinem Weg zum Grabe.

Ich habe ein Erlebnis gehabt. Ich wollte nach Greifenstein gehen, den schönen Waldweg, der am Fuß des Schwarzenbergs entlangführt, um mir die alte Burg anzusehen. Plötzlich stellte sich mir ein Schäferhund in den Weg und knurrte. Eine weibliche Stimme rief: "Juno!" und da erblickte ich hinter einem Busch ein weißes Kleid und eine Staffelei mit einer Malleinwand darauf. Ich mußte, um vorbeizukommen, etwas vom schmalen Fußweg abbiegen. "Entschuldigen Sie vielmals", sagte eine wohlklingende Stimme. Ich blickte in das liebliche Antlitz einer etwa zwanzigjährigen Blondine, die, mit Palette und Pinsel in den Händen, den Hund abwehrte, der sich noch immer nicht über mein Erscheinen beruhigt hatte. Dabei ließ die Dame einen der Pinsel fallen. Ich sprang herzu, ihn aufzuheben, worauf der Hund, der meine Bewegung falsch auffaßte, Miene machte, mich anzugreifen. So daß seine Herrin rasch auch die Palette und die übrigen Pinsel auf den Boden legte, um das wütend bellende Tier am Halsband packen zu können. Ich hob nun die Sachen auf und überreichte sie der Dame, die mittlerweile den Hund durch ein paar strenge Worte beruhigt hatte. "Danke! Hoffentlich haben Sie sich nicht mit den Farben beschmutzt!" sagte sie, worauf ich erwiderte: "Nein, ich weiß mit dergleichen umzugehen, ich bin nämlich auch von der Zunft." "So, so" meinte das Mädchen, "dann schauen Sie nur ja mein Geschmier nicht an, ich bin nämlich nicht von der Zunft, sondern bloß Dilettantin." Ich sagte: "Ich weiß zwar nur allzu gut, daß nichts störender ist, als wenn einem die Leute beim Malen zugucken, aber es würde mich doch interessieren, wie Sie dieses Motiv auffassen, das ich mir selbst schon wiederholt auf ein Bild hin angesehen habe. Darf ich?" Die Dame wandte nun zwar ein, man könne noch nicht viel sehen, weil die Arbeit noch nicht weit genug gediehen sein, sie zierte sich jedoch nicht lange und ließ mich einen Blick auf das Gemälde tun. Es war die Aussicht durch die Bäume auf das auf einem Felsvorsprung gelegene alte Schloß. Wie die Sache im Entwurf angepackt war, das verriet immerhin ei- niges Talent, wenn auch des technische Können sichtlich hinter dem durchaus nicht kleinlichen Wollen zurück stand. Ich fragte, ob sie sich schon lange mit der Malerei befasse und bei wem sie gelernt hätte, und so kamen wir in ein Gespräch. Mein Name, den ich ihr nannte, war ihr nicht unbekannt; sie erinnerte sich, einige meiner Arbeiten im Kunstverein gesehen zu haben. Auf Ihre Bitte hin gab ich ihr einige Winke für die weitere Ausarbeitung des Motivs. Sie wurden dankbar angenommen, und schließlich bat mich die junge Dame, ihre Malerei in ein paar Tagen, wenn sie mehr fortgeschritten sei, gelegentlich nochmals anzusehen, was ich gern zusagte. Auf den Greifenstein bin ich nicht mehr gekommen, es war zu spät geworden; ich werde ein andermal hingehen. Herr Konrad von Schellendorff, alias Grasmaier, hat wirklich Humor besessen. Es liegt hier eine Hauschronik auf, die das beweist. Der alte Herr hat sie vom Jahr 1872 an, als er das Haus gebaut hatte, bis zu seinem Tod im Jahr 1901 sorgfältig geführt. Alle Gäste, die er die Zeit über bei sich beherbergt hatte, haben sich da ein geschrieben. Es sind manche berühmte Namen von Künstlern und Schriftstellern darunter. Auch jetzt noch soll, seiner Bestimmung zufolge, jeder, der die Wohltat seines Vermächtnisses genießt, seinen Namen eintragen. Außerdem stehen allerhand lustige Sachen in dem Buch, und auch ernste, wies gerade gekommen ist. Es muß oft fröhlich hergegangen sein zu Lebzeiten des Alten. Er scheint ein guter Weinkenner gewesen zu sein, schade daß von seinem Keller nichts mehr übriggeblieben ist als das leere Gewölbe. Seine Freunde haben den Obersten auch bereits Grasmaier genannt, wie aus mehreren Einträgen in der Chronik in Prosa und poetischer Form hervorgeht. Man hat ihn auch auf manchem Blatt trefflich karikiert. Beides hat er offenbar nicht übelgenommen. Er scheint ein philosophischer Kopf gewesen zu sein, hat sich sogar selbst poetisch betätigt, und sich mit Naturwissenschaften, besonders mit Geologie befaßt. In seiner Bibliothek finden sich zahlreiche Werke dieser Art. Die Bergwelt, in der er hier lebte, hat ihn wohl darauf gebracht. Ein Gedicht, von seiner eigenen Hand unter einer Landschaftsskizze eines befreundeten Malers eingetragen, lautet: Hier, wo der Berg in blaue Lüfte ragt, hat einst, vor vielen, vielen tausend Jahren das Meer gebraust. Du kannst es noch gewahren an den Korallen, dort am Fels, benagt vorzeiten von der wilden Brandung Gischt, die feindlich das Korallenriff umzischt'. Dann, als die Wasser mählich abgeflossen, in unausdenkbar langen Zeiteräumen, war hier, wo jetzt die Berggewässer schäumen, das Land mit starrem Eise übergossen. Die Sonnenstrahlen schmolzen Eis und

Schnee, und in der Eb'ne dort entstand der See. Die Landschaft, die dein Auge jetzt erschaut, sie wird sich wandeln auch, im Lauf der Zeiten; nicht hat Natur für alle Ewigkeiten die Felsen und die Berge aufgebaut. Und du, o Mensch, du lächerlicher Zwerg, verschwindest noch viel früher als der Berg!
Da liegt er nun draußen auf dem stillen Dorffriedhof und ist in seinem Hause selber nichts als ein vorübergehen der Gast gewesen, nur für etwas längere Zeit als wir. Was ist doch irdischer Besitz? Ein vergänglich Ding! Was ist denn im Grund für ein Unterschied zwischen Eigentum und Nutznießung? Ich will mich die paar Wochen über, die ich hier weile, in die Rolle des Besitzers hineinträumen. Grasmaiers seliges Erbe! Der junge schwindsüchtige Kollege scheint auch seelisch krank zu sein, er hat eine unglückliche Liebe, die für ihn noch keine so abgeschlossene Episode ist, wie für mich meine eselhafte, mißglückte Jugendschwärmerei. Als ich gestern abend mit ihm am Wirtshaus vorbeiging, in dem die Dorfjugend sich mit Schuhplattln vergnügte, sahen wir in einer dunklen Ecke des Gartens ein Pärchen stehen, das sich eng umschlungen hielt. Er seufzte, und ich bemerkte, daß der Schimmer der hellerleuchteten Fen ster sich in seinen Augen auffallend stark widerspiegelte; auch war er von dem Augenblick ab sehr einsilbig. Soll man solche Gefühle Neid nennen?
Bei mir löste die Szene ein Lächeln aus, was ich als ein Symptom der beginnenden Gesundung betrachte. Meine schöne Maldilettantin habe ich noch nicht wieder- gesehen. Ich bin nun schon zweimal den Waldweg gegangen, aber kein Schäferhund fiel mich kläffend an. Als ich heute morgen den Weg zur Burg Greifenstein hin aufging, um mir das alte, aus dem fünfzehnten Jahrhun-

dert stammende Schloß anzusehen, dessen Burghof beson
ders malerisch ist, erblickte ich an einem Fenster eine
weiße Gestalt, in der ich das Malmädchen von neulich
wiederzuerkennen glaubte. Ich betrat den auf zwei Seiten
von den Flügeln der Burg, auf den beiden anderen von
einer hohen Mauer eingeschlossenen Hof, der noch ganz
mittelalterliches Gepräge zeigt. Wie ich so dastand und
schaute, öffnete sich eine kleine, spitzbogige Pforte in
der Efeuwand, und heraus trat meine neue Bekannte. Ich
grüßte, sie sprach mich an und erzählte mir, daß sie
hier bei ihrer Tante, der Besitzerin der Burg, für etliche Wochen zu Besuch sei. Sonst wohne sie in der Stadt.
Bald kam auch Juno, betrachtete mich mißtrauisch, kam
aber dann auf den Ruf ihrer Herrin näher und beschnup-
perte mich. Anrühren ließ sie sich nicht. Ich erkundigte
mich bei der jungen Dame nach den Fortschritten ihrer
Arbeit. Sie sagte, sie hätte alles wieder von der Leinwand heruntergekratzt, da sie einsehe, daß noch nichts
gescheites dabei herauskomme. Sie wollte das unnötige
Geschmier überhaupt aufstecken, da sie keine Hoffnung
habe, es jemals zu einer ordentlichen Leistung zu bringen. "Daran tun Sie sehr unrecht", erwiderte ich. "Es
sollte mir sehr leid tun, wenn ich durch meine
Bemerkungen den Anlaß dazu gegeben hätte, daß Sie
mutlos geworden wären. Die Göttin der Kunst ist eine
spröde Maid. Man muß schwer um ihre Gunst ringen.
Sie bietet sich einem nicht so leicht kampflos dar. Doch
gerade dieser Kampf ist das Interessanteste." "Aber was
hat es denn für einen Zweck, sich abzuplagen wo doch so
Viele, ja Vielzuviele, Besseres zustande bringen?" meinte
sie. "Ob etwas wertvolles durch die Mühe erreicht wird
oder nicht ist eine Frage zweiten Ranges", tröstete ich.
"Die Hauptsache ist das Ringen an sich, das Ringen mit

der Natur, mit der Schöpfung, mit dem Bildmaterial und auch mit sich selbst. 'Ich lasse dich nicht, du segnest mich denn!' Schließlich wird Sie der Sieg beglücken, und wenn's auch nur ein kleiner, unbedeutender wäre. Indem Sie mit Ernst arbeiten, fördern Sie sich selbst. Auch durch eine mißglückte Arbeit sogar haben Sie Ihre Anschauung der Natur, Ihr künstlerisches Empfinden, Ihre Schaffenskraft gestählt. 'Kunst' heißt nicht nur 'Können', sondern vor allem 'Erkennen', 'die Schöpfung geistig erfassen', das Können und das Gelingen stellen sich schließlich von selbst ein, wenn man darum ringt, und wenn nicht, dann hat man doch nicht vergeblich sich gemüht. Von dem Streben nach künstlerischem Anschauungsvermögen werden Sie eine Bereicherung Ihres Seelenlebens als mindesten Gewinn haben, vielleicht und wahrscheinlich aber auch mehr." Das Mädchen sah mich mit ihren blauen Augen groß an, blickte dann nachdenklich zu Boden und schwieg. "Wollen Sie es noch einmal versuchen?" fuhr ich fort; "kommen Sie morgen früh heraus und gehen Sie mutig ins Zeug. Wenn Sie gestatten, will ich mich an das gleiche Motiv heranmachen, ich hatte das sowieso schon vor, wie ich Ihnen bereits gesagt habe. Vielleicht gibt Ihnen das Anregung." "Ich will aber Ihre kostbare Zeit nicht in Anspruch nehmen", sagte sie bescheiden. "Darüber brauchen Sie sich keine Skrupeln zu machen; ich möchte nicht aufdringlich erscheinen und versichere Ihnen, Sie in aller Ruhe arbeiten zu lassen, während ich für mich male." Sie sagte zu und reichte mir zum Abschied ihre weiße Hand. So bin ich denn meinem Vorsatz, hier nicht zu malen, doch untreu geworden. Und sonderbar, es ging mir leicht von der Hand; in zwei Stunden hatte ich eine ganz flotte Skizze fertig. Amalie von Olfingen - den Namen habe ich gestern von der Beschließerin auf der Burg erfragt - kam erst, nachdem ich bereits angefangen hatte. Ich sagte ihr zunächst nur: "Keine Details anschauen! Suchen Sie das darzustellende Stück Natur als Ganzes zu erfassen, so einfach wie nur möglich, nur in großen Farbkomplexen. Diese trachten Sie zu einander in Beziehung zu bringen als Glieder des sich in sich abgeschlossenen Bildorganismus', und nichts ins Bild aufnehmen, was keine Bildfunktion hat, wenn's auch in Wirklichkeit da ist. Gott kann sich's leisten, auch überflüssige Mannigfaltigkeit zu schaffen, wir Menschen müssen unseren Bildmikrokosmos zu einer schlichten Einheit vereinfachen, um nicht sagen zu müssen: 'weh, ich ertrag dich nicht!'" Damit überließ ich das Mädchen ihrer Arbeit, ohne sie irgendwie zu stören. Ob sie mich so ganz verstanden hat, weiß ich nicht, sie hatte ein etwas erstauntes Gesicht gemacht. Nachdem ich mit meiner Skizze fertig war, setzte ich mich ins Gras und zündete mir eine Zigarre an. Bald hörte ich das Fräulein seufzen. Indem sie Pinsel und Palette sinken ließ, sagte sie: "weh, ich ertrag dich nicht!" Ich stand auf und trat an ihre Staffelei. Die Sache war gar nicht so übel gelungen, nur technisch haperte es noch ziemlich. Ich riet ihr, nicht so viel auf der Palette zu mischen, sondern reinere Farben anzuwenden, und gab ihr sonst noch einige Winke, im übrigen konnte ich die Skizze loben ohne zu heucheln. Zuerst behauptete sie, sie könne eben nichts, da sie aber merkte, daß ich ganz offen sprach und auch tadelte, was zu beanstanden war, gewann sie durch meine Anerkennung sichtlich wieder einiges Selbstvertrauen. Ich schlug dann vor, für heute die Arbeit zu beenden, um nicht zu ermüden. Wir plauderten noch eine Weile, während ich das Fräulein bis zum Fuß des Schloßbergs begleitete. Es ist ein kluges Mädchen mit offenen Sinnen, gar nicht geziert und verbildet. Die Schäferhündin läßt sich bereits von mir streicheln und knurrt nicht mehr, wenn ich ihrer Herrin nahe. Diese macht ersichtliche Fortschritte. Wir haben ein anderes Motiv, eine herrliche, bizarre Föhrengruppe auf einem Felsen, wie man sie auf Altdorfers Bildern sieht, in Angriff genommen. Ich habe dem Fräulein von Olfingen geraten, sie zunächst nur zu zeichnen, um das in den Formen sich offenbarende Leben zu erfassen. Sie soll den Wuchs der Bäume nachzufühlen und nachzuerleben trachten. "Auch in der Nachbildung muß der Baum ein lebendiges Gewächs sein, in dem der Saft von den Wurzeln durch den Stamm in die Zweige quillt", sagte ich. "Um das darstellen zu können, müssen sie sich aber erst in den Baum verlieben. Man muß seinen Vorwurf nicht lediglich mit den Augen zu erfassen trachten, sondern vor allem mit dem Gemüt." Sie lächelte. Das ist ihr etwas ganz neues. Sie faßt mit Verständnis auf. Wir disputieren viel über künstlerisches Sehen. Dabei fragte sie einmal schelmisch: "Wie ist das nun aber beim Porträtieren von Personen; muß man sich da auch in sein Modell verlieben?" Als ich Amalie auf dem Heimweg wiederum begleitete, stellte sie mich ihrer Tante vor, die uns mit ihrer Gesellschaftsdame entgegenkam. Sie ist eine baltische Gräfin. Offenbar von der Nichte angestiftet, machte die alte Dame mir unter vier Augen Andeutungen, daß sie mich   für den Unterricht, den ich jener erteile, irgendwie entlohnen wolle. Sie fügte bei, sie wünsche sehr, daß sich Amalie weiter im Malen ausbilde und unter meiner Leitung die ihr sehr willkommenen Fortschritte mache. Ich war etwas bestürzt; unter gar keinen Umständen nehme ich auch nur das geringste an. Ich sagte, es könne keine Rede von einem förmlichen Unterricht sein, es handele sich lediglich um gemeinsames Arbeiten, wovon ich selbst mehr profitierte als das Fräulein, weil das mich ebenfalls zu intensiverem Nachdenken zwinge und mich aus meiner Untätigkeit herausreiße. Nun habe ich schon die vierte Porträtskizze wieder zerrissen, die ich von Amalie aus dem Gedächtnis zu malen versuchte. Es will mir nicht gelingen, den lieben, freundlichen Gesichtsausdruck wiederzugeben. Sobald ich die Augen schließe, sehe ich deutlich die anmutigen Gesichtszüge vor mir, will ich sie aber aufs Papier bannen, so entsteht eine unlebendige, steife Sache ohne Seele. Ich muß trachten, das Mädchen unbemerkt, während es malt, zu porträtieren. Vielleicht glückt es mir vor dem Modell besser. Aber erwischt darf ich dabei beileibe nicht werden. Manchmal kommt es mir vor, als ob sie Resa gleiche.

Der Musikus hat heute eine seiner eigenen Kompositionen gespielt, die mich seltsam ergriffen hat. Meine musikalische Unbildung hindert mich, das Wesen der Tondichtung und ihre Wirkung auf mich mit Worten auszudrücken. Ich glaube, man kann das überhaupt nicht, so wenig, wie man ein Gemälde mit Worten schildern kann. Nicht einmal die Stimmung, in die ich beim Zuhören versetzt ward, läßt sich durch die Sprache annähernd wiedergeben. Es ist eine eigene Sache mit Empfindungen, sie lassen sich höchstens malen, aber dazu müßte man ein ganz großer Meister sein. Die Dichter, die Leute, die mit Worten Kunst schaffen, sind doch ärmlicher daran als wir Bildner. Wer hat es ganz vollkommen fertiggebracht? Hafis im Weinrausch, Heine

im Liebesrausch, Goethe? Ich fange an, die Musiker immer mehr zu beneiden. Ihre Kunst ist zweifellos die berauschendste, also göttlichste. Ich war zum Tee auf der Burg eingeladen. Juno kam mir schweifwedelnd im Hof entgegen, was ich mir zur hohen Ehre anrechne. Amalie spielt auch Klavier und hat eine schöne Stimme; ich glaube, Mezzosopran nennt man es mit dem Fachausdruck, tut aber nichts zur Sache. Zu den Liedern, die sie sang, begleitete sie sich selbst auf dem Flügel. So viel ich beurteilen kann, hat sie für Musik mehr Talent als zum Zeichnen und Malen, das darf ich ihr aber nicht sagen; sie soll nur beides betreiben. Jedenfalls ist Seele in ihrem Spiel und Gesang. Einen geistlosen Anschlag hätte ich gemerkt, so weit langt's schon bei mir. Wir sprachen unter anderem auch über Literatur. Sie hat ein gutes Urteil und richtigen Geschmack und ist sehr belesen. Shakespeare und Goethe, die sie gründlich kennt, stellt sie am höchsten, das spricht für ihre Bildung und für ihr feines Empfinden. Die Gräfin-Tante ist ein konventionelles Salonmöbel. Gottlob hat sich die Nichte mehr unverschnörkelte Natur bewahrt. Ihr Wesen ist frei und zwanglos. Als wir über den Faust zu sprechen anfingen, schien die Tante das Gespräch etwas shocking zu finden; sie lenkte es auf Platen und den Grafen Schack, für deren Dichtungen sie schwärmt. Heinrich Leuthold, der mir besonders zusagt, kennt sie nicht, wohl aber Amalie, die ihn auch hochschätzt.
Ein Gewitter, das uns beim Malen überraschte, zwang uns, für eine halbe Stunde Schutz unter einem überhängenden Felsen zu suchen, wo wir eng zusammengekauert saßen. Juno lag zu unseren Füßen. Unter Blitz und Donner kamen wir auf metaphysische

Dinge zu sprechen, ein Gebiet, auf dem Amalie sehr bewandert zu sein scheint. Vom dogmatischen Kirchenglauben hält sie offenbar nicht viel. Unser beider Weltanschauungen stimmen in den meisten Punkten gut überein. Die Tante hatte große Ängste um Amalie ausgestanden. Amalie ist abgereist. Ich komme mir seitdem wie verwaist vor. Ich war nun schon so sehr an den Umgang mit ihr gewöhnt, daß ich mich recht einsam fühle. Beim Abschied hat sie mich aufgefordert, nach meiner Rückkehr in die Stadt bei ihrem Vater Besuch zu machen; er würde sich freuen, mich kennenzulernen, sagte sie. Die Mutter lebt nicht mehr. Amalie möchte auch gern mit mir die Galerien besuchen; ich soll sie da in das tiefere Verständnis der Kunstwerke einführen. Ich freue mich darauf. Meine alte Untätigkeit ist wieder über mich gekommen. Ich kann mich nicht dazu aufraffen, einen Pinsel anzurühren. Sogar zum Schreiben bin ich zu faul. Wozu auch? Ich muß mir die Predigt von neulich nun selber halten: Ringen mit den Hemmungen und Widerständen um des Ringens willen: "Ich lasse dich nicht, du segnest mich denn!" Ich wollte mich durch eine Bergtour vergewissern, ob ich wieder im Vollbesitz meiner Körperkräfte sei. Der arme Kerl, der junge Maler, ließ es sich trotz Abratens meinerseits nicht nehmen, mich zu begleiten, mußte jedoch schon nach einer Stunde wieder umkehren, da er's nicht mehr erschnaufen konnte. Während dieser Stunde vertraute er mir aus freien Stükken an, welcher Liebeskummer ihn bedrücke. Obwohl ich ihm immer wieder sagte, er solle doch beim Bergsteigen nicht reden, erzählte er, er sei mit einem jungen Mädchen verlobt gewesen, das auf Drängen ihrer Eltern das Verlöbnis gelöst habe, weil er brustkrank sei. Ich wollte ihn trösten und ihm sagen, er habe an dieser Braut nicht viel verloren, denn wahre Liebe gehe mit dem Geliebten in den Tod; aber ich ließ es doch bleiben, denn ich dachte mir, es sei grausam, mit ihm über den Ernst seiner Krankheit zu reden, den er vielleicht selbst nicht kennt. Und dann: wer gibt uns ein Recht, über einen Mitmenschen den Stab zu brechen, von dem wir nicht mehr wissen, als das, was mir der junge Mann von seiner Braut erzählt hatte? Nachdem er mich verlassen hatte, fiel mir ein, daß vor kurzem einer meiner Bekannten an der Schwindsucht gestorben sei, der ein Jahr vor seinem Tod noch geheiratet hatte. Die Ärzte hatten ihm damals sogar noch eine viel kürzere Lebensdauer in Aussicht gestellt. Der sehnlichste Wunsch seiner Frau war es, durch seine Tuberkelbazillen angesteckt zu werden, und da dies nicht geschah, schoß sie sich acht Tage nach dem Tod ihres Gatten eine Kugel ins Herz. In Indien ließen sich die Witwen auf dem Scheiterhaufen ihres Gatten verbrennen, und in China gilt die Braut, die den Bräutigam nicht überleben will, sogar als Heilige. Uns fehlt der Begriff: Seelengröße.

Oben auf dem Gipfel war's herrlich. In majestätischer Ruhe lagen die beschneiten Bergketten vor mir im Sonnenglanz. Ein Gefühl des Erhabenseins über die Kleinlich keiten des Lebens dort unten zu meinen Füßen erfüllte mein Gemüt. Man kommt sich vor, als sei man dem Himmel näher, und ist doch nur um ein paar hundert Meter mehr entfernt von dem Gewimmel auf der Erdoberfläche. Ganz am Horizont, gegen Nordwesten zu, deutete eine dunstige Schicht die Lage der Hauptstadt an. Mein Auge schweifte dorthin und ich sagte mir, daß jetzt dort Amalie weile. Vielleicht hatten die Städter heute einen trüben Tag, während mir hier die Sonne leuchtete.

Trotz alledem: das Hochgebirge regt mich nicht zu Bildern an, so sehr ich es liebe. Malerische Motive muß man in der Ebene und im Hügelland suchen. Es hat seinen guten Grund, warum es so wenige Maler gegeben hat, die der Gewalt des Hochgebirges Herr geworden sind. Am Abend spielte der Musikus eine Sonate von Beethoven. Der war einer von den Wenigen, die sich an Felswände heranwagen dürfen. Ich habe heute noch einmal meinen toten Gastgeber auf dem Friedhof besucht um ihm zu danken. Ich wollte ihm einen Strauß Alpenrosen aufs Grab legen, fand aber oben auf dem Berg noch keine aufgeblühten; so muß er sich mit ein paar Zweigen mit Knospen begnügen. Ich stellte sie in ein Gefäß mit Wasser, vielleicht blühen sie noch auf. Daß er sie bei Lebzeiten sehr geliebt hat, geht aus Bemerkungen in der Hauschronik hervor. Morgen muß ich einem neuen Gast Platz machen. Einesteils graut mir vor der Stadt, andernteils ist mir der Gedanke, Amalie von Olfingen dort wiederzusehen, verlockend.

Mein Atelier habe ich wie ein Fremder betreten. Die Bilder die da herumstehen fertige und angefangene, erregen mir Unbehagen. Ich muß gleich darangehen etliche   gründlich umzuarbeiten. Mehr Farbe! Mehr Farbe! Die Natur ist so wundervoll farbig. Obgleich ich all die Wochen über so gut wie nichts getan habe, habe ich Fortschritte gemacht. Ich hatte mich bisher zu wenig mit der Landschaft beschäftigt. Man darf sich nicht ins Figürliche allein verbeißen sonst wird man einseitig. Kein großer Meister war einseitig. Spezialistentum verträgt sich nicht mit der Kunst. Ich fühle, daß mein Inneres wieder mit Bildideen geschwängert ist, aber sie sind mir wie verschleiert, noch sind sie nicht klar ins

Bewußtsein getreten, ich ahne sie nur undeutlich. Ich werde nicht zu arbeiten beginnen, ehe sich mir die Gesichte nicht von selbst aufdrängt. Es ist greulich, in der Stadt leben zu müssen, wenn man sich an die freie Natur gewöhnt hat. Straßen, Häuser, Menschen, alles ödet einen an. Der ganze Stadttrubel ist unerträglich bedrückend. Dazu der Staub und Rauch und Lärm. Wenn ich's einmal zu etwas gebracht haben werde, mach ich's wie der gute Oberst und siedle mich in einem abgelegenen Winkel am Gebirge an. Ich lade mir dann nur die Leute ein, mit denen ich umgehen will; denn zum Einsiedler habe ich just auch nicht gerade Talent. Werd ich's wirklich einmal so weit bringen? Der elende Gelderwerb zieht die ganze Menschheit herunter, und den Künstler ganz besonders. Müßte ich nicht von meiner Kunst leben und Farben und Leinwand kaufen, ich schenkte meine Bilder weg an jeden, der mir mit ehrlichem Gesicht versichert, daß sie ihm Freude machen. Das Verschachern dessen, was man sich von der Seele abgerungen hat, ist entwürdigend. Wie schön wäre es, wenn ich irgendeinen armen Teufel, der mein Bild in der Ausstellung mit Interesse betrachtet, sagen könnte: "gefällt es dir? Nimm's mit, wenn's dich beglückt, und teile den Genuß mit deinen Freunden!" Wie ganz anders wäre das, als von irgendeinem blasierten Geldprotzen ein paar hundert Mark hingeworfen zu bekommen, einem Kerl, der womöglich nur darauf spekuliert, das Gemälde dereinst teurer wieder weiterverkaufen zu können, wie eine Aktie, und der es einstweilen in seinen geschmacklosen Salon hängt, ohne es mehr eines verstehenden Blickes zu würdigen, höchstens daß er den schönen, teueren Goldrahmen bewundert. Abscheulicher Gedanke! Aber muß sich denn nicht die ganze Menschheit ähnlich prostituieren? Der Arbeiter wuchert mit seiner Muskelkraft, der Beamte mit seiner mühsam erlernten Weisheit, der Gelehrte mit seiner Wissenschaft, und so weiter. Wahrlich, nur der Bauer, der auf seiner Scholle lebt und das selbst erzeugt, was er für sich und seine Familie braucht, was zur Erhaltung des Lebens unbedingt nötig ist, treibt ein würdiges Geschäft und ist in Wahrheit ein Freier. Kunst aber als Ware, der bitterste Hohn! Eher verträgt sich dieser fluchbeladene Begriff Ware noch mit Muskel- und Gedankenkraft. Das eine will ich mir geloben: um des Mammons willen irgendwelche Konzessionen an den Geschmack der blöden Menge zu machen, den Pinsel führen, ohne daß ich den Antrieb dazu in meiner Seele fühle, eher will ich alles verbrennen, was ich je gemacht habe, und mein ganzes Handwerkszeug dazu, und dann will ich mich an einen Bauern als Knecht verdingen. Heute kam mir auf einmal der Gedanke, einen Christophorus zu malen, einen baumstarken Kerl, wie er den Jesusknaben durchs Wasser trägt und ihn die Last zu seinem Erstaunen darniederdrückt. Tragen wir nicht alle solch eine Last? Nur ist's nicht immer ein Jesusknäblein. Die erste, flüchtige Skizze für die Figur habe ich bereits aufs Papier hingeworfen. Zuvor schleppte ich einen schweren Pack Bücher auf der Schulter durchs Atelier, um den Vorgang des Tragens an mir selbst zu erleben, ihn richtig zu spüren. Das ist nötig, ehe ich's darstellen kann. Wenn ich die Stellung lediglich einem Modell abgucke, wird's eine äußerliche, keine empfundene Sache. Ich denke, es soll mir glücken. Gestern abend, als ich im Theater war, erblickte ich plötzlich in einer Loge Resa mit ihrem Gatten. Sie sieht ganz unverändert, eher noch hübscher aus und macht den Eindruck einer sehr glücklichen jungen Ehefrau. Das freut mich für sie. Ich konstatierte mit Befriedigung, daß es mir gar nicht peinlich war, als ich sie so neben ihrem Auserwählten sitzen sah, ja, es kostete mich sogar keinerlei Überwindung, während der Pause zu den beiden in die Loge zu gehen und ihnen zu gratulieren, ein Beweis, daß die dumme Geschichte nur ein Strohfeuer war, und daß ich von meiner Autosuggestion, Resa zu lieben, völlig geheilt bin. Doch nicht nur eine Genugtuung, viel mehr noch eine Warnung soll mir dieses Wiedersehen sein, nicht noch einmal so leichtsinnig mit dem Feuer zu spielen. Manchmal geht so etwas schlimmer aus. Ich war im Ampertal, um eine Studie für die Landschaft zu meinem Christophorus zu machen. Fand ein sehr geeignetes Motiv. Als ich eben die letzte Hand anlegte, kam ein Bauernbursch und war ganz außer sich vor Freude über die farbige Aquarellskizze. Ich sprach mit ihm. Er machte naïve, aber gar nicht dumme Bemerkungen. Besonders gefiel ihm die Farbe. Da konnte ich mich nicht enthalten, ihm das Blatt zu schenken, worüber er sich baß verwunderte und sogar meinte, ich mache nur einen Scherz. Als ihn jedoch überzeugt hatte, daß es mein Ernst sei, war er glückselig. Aber er mußte mit hoch und heilig versprechen, die Skizze niemals zu verkaufen. Nun kam ich ohne Skizze nach Hause. Macht nichts, im Gegenteil! Ich habe die Szenerie und die Stimmung jetzt gut im Kopf; denn ich habe sie erlebt. Das Bild, das ich in meinem Innern bewahre, ist wertvoller als die Naturabschrift. Der Maler sollte überhaupt, wenn er zum Naturstudium ausrückt, Pinsel und Farben zu Hause lassen. Ein Bleistift und ein Blättchen Papier genügen für Notizen. Die Christophorusidee macht Fortschritte. Ich habe ein gutes Modell für die Hauptfigur gefunden, einen Menschen mit athletischem Körper; nach ihm fertige ich eifrig Entwürfe, dabei packe ich ihm eine mit Steinen beschwerte Kiste auf. Bei der Ausführung darf ich ihn nicht mehr vor Augen haben, ich muß das Motiv bis dahin auswendig können. Abgemalte Natur schmeckt immer nach dem Modell; das taugt nichts. Wer die Gesichtsvorstellungen nicht aus sich selber herausholen kann, der ist kein Künstler. Aber eine Empfängnis muß der Geburt vorausgehen. Endlich habe ich mein Versprechen eingelöst und bei Fräulein von Olfings Vater Besuch gemacht. Ich wurde von dem alten Herrn, der Generalkonsul ist, sehr liebenswürdig empfangen. Macht einen sympathischen, nicht unbedeutenden Eindruck. Die Tochter hatte schon viel von mir und unserer gemeinsamen Arbeit erzählt. Sie war sichtlich erfreut, mich wiederzusehen, nur schmollte sie ein wenig, daß ich nicht gleich nach meiner Rückkehr gekommen bin. Das Haus, das inmitten eines Gartens liegt, in einem der elegantesten Viertel der Stadt, ist geschmackvoll und vornehm ausgestattet. Es scheint Privateigentum zu sein und wird nur vom Konsul und seiner Tochter bewohnt. Einige gute Bilder, die ich bemerkte, zeugen von Kunstinteresse. Für morgen habe ich mit Amalie einen Besuch der Älteren Pinakothek verabredet. Juno hat mich gleich wiedererkannt.Wir waren zusammen in der Pinakothek. Ich hatte es nicht darauf angelegt, Amalien einen kunstgeschichtlichen Vortrag zu halten, mein Plan war ein viel heimtückischerer. Ich wollte erfahren, was sie selbst vor den Werken der alten Meister zu empfinden vermag. So stellte ich denn unter der Maske einer Führung ein kleines, verkapptes Examen mit ihr an, ohne daß sie's merkte. Sie hat es glänzend bestanden. Es ist erstaunlich, wie fein sie nachzufühlen vermag, was der Künstler gewollt hat, und wie sicher sie urteilt, weit entfernt von konventionellen, irgendwo aufgeschnappten Ansichten. Auch bei den berühmtesten Namen getraut sie sich, ein eigenes, unabhängiges Urteil zu fällen. Wenn's auch nicht immer mit dem meinigen übereinstimmt, sie weiß es zu begründen. Ich habe mich darauf beschränkt, ihr in technischer Beziehung Aufschlüsse zu geben und sie auf einige spätere Übermalungen aufmerksam zu machen. Über das Handwerkliche weiß sie nicht so gut Bescheid, in ihren Kenntnissen im rein Kunstgeschichtlichen hat sie mich aber da und dort beschämt. Als wir heute in der Neuen Pinakothek waren, habe ich Amalie von meinem Christophorusbild erzählt. Sie möchte die Studien sehen und will mich demnächst mit ihrem Vater im Atelier besuchen. Auch meine übrigen Arbeiten interessieren sie. Der Generalkonsul und seine Tochter waren bei mir. Ich hatte just einen kleinen Buben als Modell für mein Jesusknäblein da und zeichnete nach ihm. Es war rührend, zu sehen, wie nett Amalie mit dem Kind war. Splitter nackt, wie es gerade war, nahm sie es auf den Arm und scherzte mit ihm. Ich hätte auf der Stelle eine Muttergottes nach der reizenden Gruppe malen mögen. Ihr Urteil über meine Arbeiten war sehr treffend und freimütig. Keine fade Lobhudelei und keine nichtssagenden Bewunderungsschlagwörter. Nachdem sie alles gesehen hatte, ging Amalie für einige Augenblicke weg, um im nächsten Laden Süßigkeiten für das Kind einzukaufen, womit sie den Kleinen glücklich machte. Während sie fort war, machte der Vater

leise Andeutungen über die Absicht eines
Porträtauftrags; ich weiß nicht, meinte er ein Bildnis
von sich selbst oder von seiner Tochter oder von beiden.
Ich habe den Verdacht, daß das vielleicht der Meinung
entspringt, Verpflichtungen gegen mich zu haben wegen
der Malanleitung, die ich Amalie gegeben habe. Ich
erwiderte sofort, ich nähme grundsätzlich niemals
Bestellungen auf Bildnisse an, da es mir unmöglich sei,
etwas anderes zu malen, als was aus meinem Inneren
von selbst herauswachse. Ich hätte übrigens auch jetzt
gar keine Zeit, ein Porträt zu malen, mein
Christophorus nimmt mich völlig in Anspruch. Es wäre
mir unerträglich, von Amaliens Vater eine
Bezahlung anzunehmen. Ich glaube, er hat verstanden,
was ich empfinde.
Überhaupt das Porträtieren! Es ist die schwierigste
Art des Schaffens für den Künstler, der gewohnt ist,
selbständig zu gestalten, weil er sich dabei am
unfreisten fühlt. Leicht ist es nur für den, der sich
mit kitschiger, oberflächlicher Ähnlichkeit begnügt.
Das Geistige mit zu porträtieren, dazu bedarf es
größter Meisterschaft. Läßt der Maler seinen eigenen
Formungswillen zu stark walten, dann kommt die
äußerliche Ähnlichkeit zu kurz, die aber halt doch
einmal von einem Porträt billigerweise gefordert
werden muß, unterwirft er sich andererseits stärker
den Naturtatsachen, dann gerät er in Konflikt mit
seinem eigenkünstlerischen Schöpfertrieb. Was man von
geistig Erschautem in seinem Werk wiedergibt, ist aber
doch schließlich das beste.
Es gibt zu denken, daß fast kein ganz großer Künstler
ausschließlich Bildnisse gemalt hat, Frans Hals vielleicht ausgenommen.

Möglich, daß mir ein gutes Porträt von Amalie gelänge;
aber ich fürchte mich davor, an die Aufgabe heranzuge-
hen, so sehr sie mich auch reizen würde. Am Ende würde
selbst sie nicht begreifen, daß ich nicht ihr Spiegel-
bild, so wie sie's kennt, verwirkliche, sondern das
Bild, das ich in meiner Brust trage.
Bilden heißt, Hingabe an die Natur mit brünstiger
Seele, um hingebend sie sich schließlich zu eigen zu
machen und sie zu beherrschen. Davor bangt mir in
diesem Falle. Ich darf es nicht wagen.
Unsere gemeinsamen Galeriebesuche fangen an, mich zu
beunruhigen. Die Kunstbetrachtung kommt immer mehr
zu kurz dabei. Oft sitzen wir eine Stunde lang auf einem
der Sofas und sprechen über Gott und die Welt, nur
nicht über Kunst und die Bilder rings um uns her. Ich
werde die Sache einschränken, indem ich sage, meine
Arbeit nähme mich jetzt ganz in Anspruch, was ja auch
tatsächlich der Wahrheit entspricht; ich habe sie in
letzter Zeit etwas vernachlässigt. Nicht mit dem Feuer
zu spielen, habe ich mir doch schon einmal
vorgenommen.
Zum Schaffen fühle ich mich ungemein angeregt. Bald
kann die Ausführung des Christophorus beginnen, der
bereits untermalt ist. Bis zum Herbst hoffe ich das
Bild fertig zu haben.
Ich war zu einem kleinen Abendessen bei Herrn von
Olfingen eingeladen. Überraschenderweise traf ich
dort meinen alten Jugendfreund, den Oberleutnant von
Kallmann mit seiner jungen Frau, die eine intime
Freundin Amaliens ist, was ich noch gar nicht wußte.
Wir haben alte Erinnerungen aus unserer gemeinsamen
Einjährigfreiwilligenzeit aufgefrischt, während
welcher wir beide in der gleichen Kompanie standen,

bis Fritz von Kallmann sich entschloß, umzusatteln,
die Juristerei an den Nagel zu hängen und sich dem
aktiven Offiziersberuf zu widmen. Was haben wir für
Dummejungenstreiche zusammen gemacht! Fritz sagte
mir, er besitze noch mehrere Zeichnungen, mit denen ich
mir seinerzeit beinahe meine Reserveoffiziersepauletten
verscherzt hatte. Ich hatte Karikaturen unserer
Vorgesetzten unter meinen Kameraden zirkulieren
lassen, welche diese nicht mit der genügenden Vorsicht
verwahrten. Schließlich waren aber die Herren, in
deren Hände sie gelangten, vernünftig genug, selbst
über die Sache zu lachen. Nur der grämliche
Bataillionskommandeur hat mir nie ganz verziehen; sein
Porträt, wie er schief auf seiner alten Schlachtmähre
saß, war aber auch die giftigste von allen meinen
Karikaturen.

Mit Amalie kam ich über mehr oder minder gleichgültige
Gesellschaftsgespräche nicht hinaus. Die Anwesenheit
der anderen Gäste störte uns. Später sang sie einige
Lieder, wozu sie Fritz, der ein guter Klavierspieler
ist, begleitete. Sie weiß durch die Art des Gesangs
den Sinn der Texte gefühlvoll zu interpretieren, ohne
daß es kitschig-aufdringlich wirkt. Wäre ich doch mit
Musiktalent begnadet und könnte sie begleiten!

Der Komponist, dem ich heute zufällig in der Stadt be-
gegnete, erzählte mir, daß der schwindsüchtige Maler,
der mit uns in Weidach gewesen war, im Krankenhaus
liege. Die Ärzte gäben ihm nur noch wenige Wochen zu
leben, er wisse das aber nicht.
Ich ging gleich am Nachmittag ins Krankenhaus, um den
Ärmsten zu besuchen. Ich erschrak über sein Aussehen,

erkannte ihn kaum wieder. Er selbst ist guter Dinge
und voll von Plänen. Er sagte mir, sobald er aus dem
Krankenhaus entlassen sei, was, wie er bestimmt
hoffe, in längstens vierzehn Tagen der Fall sein
würde, wolle er an eine große Sache herangehen. Die
Stadt hätte eine Konkurrenz ausgeschrieben für die
Ausmalung einer neuerbauten Friedhofshalle. Da wolle
er Entwürfe für die Fresken machen und sie einsenden.
In seinem Kopf sei alles schon fix und fertig, so daß
er die Bilder in einer Woche bereits auf dem Papier
haben könne. Er meinte dann: "Sie glauben doch
sicherlich auch, daß ich Aussicht habe, den Auftrag
zu bekommen? Was ich kann, haben sie ja in Weidach
gesehen." Es wäre grausam von mir gewesen, hätte ich
den Todeskandidaten seiner letzten Illusionen beraubt,
so sagte ich, wenn er mit Begeisterung die Aufgabe
anpacke, zweifelte ich nicht an seinem Erfolg. Das
Leben zwingt einen manchmal geradezu zum Lügen. Ich
ließ mir dann seine Bildideen schildern; sie
waren mehr als naiv. Ich billigte und lobte sie und
erklärte sie für außerordentlich geistvoll, was ihn
sichtlich erfreute. Nachdem er mir noch anvertraut
hatte, daß er, falls er den Auftrag erhalte, nach
der Ausführung sich seinen sehnlichsten Wunsch
erfüllen und eine Reise nach Italien machen wolle,
sich auch mit der Hoffnung trage, am Ende noch seine
Braut zurückgewinnen zu können, sobald er wieder ganz
gesund sei, verabschiedete ich mich, indem ich ihm
viel Glück wünschte.

Der hüstelnde Kranke war ein trauriger Anblick. Ich
konnte jedoch kein Gefühl des Mitleids empfinden, denn
wer ist nun eigentlich der Glücklichere, der Mensch,

der voll Illusionen über sein Können blind dem Grabe
zu wankt, oder derjenige, welcher, von seiner
Unzulänglichkeit überzeugt, mit klarem Auge ein Ziel
vor sich sieht, von dem er weiß, daß er es niemals
erreichen kann, so sehnsüchtig er auch die Arme danach
ausstreckt? Und wissen wir denn, ob nicht das letzte
Stündlein auch uns bald geschlagen haben wird?

Der Christophorus ist so gut wie fertig, und schon befriedigt mich dies und jenes nicht mehr an dem Bild.
Aber ich mag nichts mehr ändern, man macht meistens
nichts besser mit dem nachträglichen Herumdoktern.
Dem Bild, wie ich's mit den Augen meines Geistes
geschaut, entspricht die Ausführung nicht ganz. Ich
werde es in die Kammer stellen, einige Zeit darüber
hingehen lassen, und dann von neuem beginnen;
vielleicht gelingt mir ein zweiter Wurf besser. Den Plan,
das Gemälde auszustellen, habe ich aufgegeben.
Amalie, die mich bei einer Begegnung auf der Straße
nach dem Bild gefragt hatte, war mit ihrem Vater
gekommen, um den Christophorus fertig zu sehen. Es
war mir nicht angenehm, ich konnte jedoch nicht gut
abwinken. Sie lobte meine Arbeit sehr; da ich an
ihrer Aufrichtigkeit nicht zweifele, muß ich es also
an ihrer Urteilsfähigkeit tun; sie sieht die
Schwächen der Komposition nicht. Dem Vater ist die
Auffassung sichtlich zu modern; er ist noch von
der alten Schule.

In unserer Künstlerstammkneipe disputierten wir heute
abend lebhaft über den Wert der theoretischen Kunster-
kenntnis. Die meisten meiner Kollegen halten nicht
viel davon. Sie meinen, der Künstler solle rein
instinktiv schaffen, unbewußt wie die Pflanze wächst.
Theorien seien nur unnötiger Ballast, sagten sie, und
was die Kunstgelehrten schreiben, sei wertloses
Gewäsch. Ich entgegnete ihnen, daß sie das Kind mit
dem Bade ausschütteten. Meiner Ansicht nach muß
allerdings das Kunstwerk von selbst wachsen wie das
Kind im Mutterleib; dazu braucht's keine
Gynäkologie. Aber deswegen die Gynäkologie für einen
Unsinn zu erklären, ist widersinnig. Und der Geist,
der sich schließlich seiner selbst und der
Naturgesetze, denen er unterworfen ist, bewußt wird,
der besitzt höchste geistige Qualitäten. Wenn auch das
Schaffen nach Theorien allein höchstens zu blutlee-
ren Gebilden führt, so will das noch keineswegs
heißen, daß die Erkenntnis gewisser Gesetze an sich
dem Schaffen abträglich sei. Kann denn zum Beispiel ein
Musiker eine große Komposition schaffen, ohne aufs
Innigste mit den Gesetzen der Musik und der
Kompositionslehre vertraut zu sein? Das gilt, wenn
auch vielleicht im weniger strengen Sinn, ebenso vom
bildenden Künstler. Ich behaupte: mehr Einsicht in die
Schaffensprinzipien tut uns Heutigen bitter not!
Man hat mich darob sehr heftig angegriffen.

Heute las ich in der Zeitung die Todesanzeige meines
schwindsüchtigen Kollegen. Das Schicksal hat es gut
mit ihm gemeint, es hat ihn hinweggenommen, ehe ihn
eine schwere Enttäuschung aus seiner seelischen
Narkose erweckt hätte. Solch ein Erwachen wäre

fürchterlich für den armen Menschen gewesen. Ihm ist
 jetzt wohl.
Allerlei Gedanken über den Tod gehen mir im Kopf
herum. Daß er kein absolutes Ende bedeutet, steht für
mich fest, obwohl alle Hypothesen und Schilderungen
vom Zustand nach dem Tode doch nur Phantasien sein
können. Oder Ahnungen? Ach, wir sterben ja eigentlich
fortgesetzt. Immerhin ist zu bedenken: sind wir
schon hienieden nach einer Reihe von Jahren nicht
mehr dieselben, wieviel weniger können wir's nach
solch einer Katastrophe sein, wie sie die Trennung
von Leib und Geist bedeutet. Haben wir dann
überhaupt noch eine Erinnerung an unseren irdischen
Zustand? Ignoramus! Ignoarabimus!

Der Christophorus ist nun doch in einer Sonderausstel-
lung meiner Künstlergruppe, ganz gegen meinen Willen.
ich wollte ihn ja eigentlich nicht ausstellen,
vielmehr warten, bis ich eine zweite, bessere Fassung
zustande gebracht hätte. Leider ließ ich mich
übertölpeln, recht leichtsinnigerweise, in einer
Weinlaune. Das kam so: Ein paar Freunde hatten das
Bild bei mir gesehen und es hatte ihnen
unbegreiflicherweise gut gefallen. Kurz darauf war ich
mit ihnen in unserer Kneipe beisammen. Die Sprache
kam auf die bevorstehende Herbstausstellung unserer
Künstlervereinigung und, im Zusammenhang damit, auf
meinen Christophorus. Ich wurde gefragt, ob ich ihn
nicht einsende. Ich sagte: nein. Man frug warum, und
ich gab zur Antwort: weil er mir nicht so gut gelungen
ist, wie ich wollte, und weil ihn die Jury doch nicht
annehmen wird. Die Freunde sagten: "Oho! Wetten wir?"
Ohne recht zu überlegen, oder wohl auch, weil ich

meiner Sache ganz sicher zu sein glaube, daß das Bild
doch gleich wieder in meine Kammer zurückkehren
werde, nahm ich die Wette um fünf Flaschen Sekt an.
Nun habe ich sie verloren und ein schlechtes Bild in der
Ausstellung. Ärgerlich!
In der Kritik, die über unsere Ausstellung in einer
hiesigen Zeitung erschienen ist, las ich zu meinem
Staunen, mein Christophorus sei ein Werk von
hervorragenden Qualitäten, und noch einigen
sonstigen Unsinn mehr Ich behaupte, daß ich trotzdem
mit meiner abfälligen Selbstkritik im Recht
bin; ich muß das denn doch besser wissen als der
Zeitungsschreiber.

Unerhört! Der Christophorus ist vom Staat angekauft
worden! Ich hatte versäumt, ihn als unverkäuflich zu
bezeichnen, weil ich mir dachte, so was kauft doch
niemand, und ihn überhaupt nur in der sicheren
Erwartung eingesandt hatte, ihn alsbald
Zurück zubekommen. Nun frägt die Ausstellungsleitung
bei mir an, welchen Preis ich fordere, die staatliche
Ankaufskommission wolle ihn erwerben. Ich war drauf
und dran, zu sagen, das Bild sei unverkäuflich, aber
man stellte mir vor, das sei hinterher nicht gut
möglich, und man gab mir zu verstehen, es wäre doch im
höchsten Grad ungeschickt von mir, wenn ich nicht in
den Verkauf willigte. Dazu kam noch, daß mir plötzlich
der Gedanke kam, ich könne das Geld zu einer schönen
Italienreise verwenden. Vielleicht hat die Bemerkung
meines verstorbenen Kollegen in meinem Unterbe-
wußtsein nachgewirkt. So ließ ich mich beschwätzen.
Nachträglich reut mich mein Entschluß wieder, denn,
gelingt mir nun vielleicht nach Jahr und Tag einmal

ein wirklich bedeutendes Werk, dann kommt es sicher
nicht in Staatsbesitz, weil es dann heißt: von dem
haben wir schon etwas. Auf solche Weise, d.h. wenn von
Künstlern Werke gekauft werden, ehe sie ausgereift
sind, muß eine mindergute Sammlung zustande kommen.
Das ist gar nicht im Interesse der Künstler selbst,
wenn sie nicht durch ihre besten Werke in der Galerie
vertreten sind. Nun, jetzt ist leider nichts mehr zu
machen.
Man sollte immer erst nach dem Tod eines Meisters über
die Aufnahme von Werken von ihm in die Staatsgalerie
bestimmen. Allerdings ist dann in der Regel das meiste
und beste bereits in festen Händen oder im Handel, der
die Preise steigert. Gibt es einen Ausweg aus diesem
Dilemma?

Morgen trete ich meine Reise nach dem Süden an. Ich
will dort dem armen, verstorbenen Schwindsüchtigen ein
stilles Gedenken bei einem guten Glas Wein weihen.
Vielleicht schweift seine Seele in dem Land seiner
Sehnsucht umher und hat mehr davon, als wenn er es
lebendig geschaut oder gar gemalt hätte.

Von Amalie kann ich mich nicht mehr
verabschieden; sie weilt wieder bei ihrer Tante
auf dem Greifenstein. Von dort schrieb sie mir eine
Karte mit einem Glückwunsch zum Ankauf meines
Bildes durch den Staat. Nett von ihr!

Verona:

Ein Reisetagebuch ist eine alberne Sache. Schauen,
schauen und das Geschaute in sich aufnehmen und verar-
beiten, aber um Gotteswillen nichts aufschreiben! Was
man gesehen hat, das läßt sich in jedem Reisehandbuch
nachblättern, wie man's gesehen hat, nur in der Seele
festhalten. Nur Goethe durfte eine Italienische Reise
schreiben. Freilich, er hatte auch eine Frau von
Stein, für die es ihn zu schreiben drängte.
So seien denn nur ein paar Gedanken, die mir gelegentlich durch den Kopf schießen, notiert, mehr nicht!

Venedig:

Dies Capua hat einst Dürer um seine urwüchsig-gotische
Kraftnatur betrogen.
Wenn ich auch keine solche zu verlieren habe, dennoch,
ich will mich in Acht nehmen, nur als Mensch genießen,
dem Künstler die Augen verbinden; mögen dann die
Sirenen locken soviel sie wollen.
Die Langusten sind vortrefflich, der Wein - Barbera -
auch.

Florenz:

War Michelangelo wirklich ein Italiener? Ich kann's
kaum glauben. Vermutlich hat er viel germanisches
Völkerwanderungsblut in seinen Adern gehabt.
Bauen haben die Kerle können, das muß man ihnen
lassen. Aber die Fassade war ihnen doch meistens die

Hauptsache. Allzuoft steckt nicht eben viel dahinter,
oder wenn was dahintersteckt, paßt's nicht zur
Fassade. Durch ein monumentales Tor tritt man meist
in enge, unwohnliche Räume. Nur die ganz großen
Palazzi, die zugleich Festungen sind, sind solide,
in allen Teilen ehrlich-einheitlich-logische
Bauwerke.
Die ganze Hochrenaissance schenke ich für Giotto und
den bescheidenen Fra Angelico her. 'Es liegt in ihr so
viel verborgnes Gift'. Memling und Dürer wirken
in den Uffizien wie ein Schluck kräftigen Bieres nach
üppigem Weingenuß.

Goethe wird mir in seiner Einstellung zur bildenden
Kunst immer unbegreiflicher. Trug er 'antikische'
Scheuklappen, als er in Florenz war? Giotto und die
frühen Meister überhaupt standen ihm meilenfern. Er
war halt doch ein Klassizist.

Ich habe mir keine Malutensilien eingepackt,
absichtlich nicht. Zypressen und Pinien sind zu schön,
um gemalt zu werden; manche Italienerin
ebenfalls, aber nicht so viele als man glaubt. Heute
plagte mich doch der Teufel, mir Aquarellfarben zu
kaufe. Gottseidank fand ich so viel Kraft, vor dem
Laden wieder umzukehren. Das so ersparte Geld habe
ich abends in Chianti angelegt, das ist für meine
Seele beköstigten.

Rom:

Hier verstehe ich mich mit Goethe etwas besser, aber
daß er den Michelangelo nur als Maler, und nicht so
sehr als Plastiker zu würdigen wußte, wenigstens ihn
nicht in gleichem Grade als ein Wunder schilderte,
nehme ich ihm übel.

Auch hier drängt sich mir wieder eine Beobachtung auf,
die ich anderwärts schon mehrmals gemacht habe: ausgerechnet in denjenigen Städten, in denen am meisten
gute Bauten aus früheren Zeiten erhalten sind, sind
die Bauwerke der unmittelbar hinter uns liegenden
Epoche am geschmacklosesten. Es scheint, daß die
Menschen aus Vorbildern gar nichts lernen. So ist es
zum Beispiel in Augsburg, der Stadt mit der schönsten
aller alten Straßen, in Nürnberg, Goslar, Hildesheim
und in zahlreichen anderen alten Städten. Überall
stehen da unglaublich scheußliche neue Gebäude neben
hübschen alten. Und nun gar hier in Rom, da versauen
die modernen Italiener das Stadtbild ganz besonders
mit ihren abscheulichen, protzig überladenen,
öffentlichen Bauten. Sakrilegium!
Michelangelos Sixtinadecke! Das Wort 'Titan' ist mir
zu fadenscheinig und zu abgegriffen für diesen einzig
dastehenden Meister. Alles andere ist im Vergleich
mit diesen Fresken nur 'Sehenswürdigkeit'. Und
trotzdem: Michelangelo war kein 'Maler' im strengsten
Sinn! Malerisch malen haben sie besser in Venedig
gekonnt. Ganz in der Nähe betrachtet entpuppt sich die
Sixtinadecke als eine grandiose farbige Zeichnung.
Was sind wir doch geistig verarmt! Wir haben nur noch
äußerliche Augenerlebnisse, denen Seele und Geist fehlen.

'Du sollst keine anderen Götter neben mir haben!' Ich
mag nach der Sixtina keine andere Kunst mehr
'genießen', will nur noch in den antiken Ruinen
herumschnüffeln, in der Villa Borghese lustwandeln, in
der Campagna herumlungern, die Sabiner und Albaner
Berge besteigen und Wein trinken!

Heute habe ich eine Karte mit kurzem Gruß an Amalie
von Olfingen gesandt. Sie soll wissen, daß ich ihrer
auch in der Ferne gedenke.

Colosseum.

Das imposanteste und schönste Schlachthaus
der Welt. Das ganze Rom ist schließlich nichts
anderes. Ist es Naturgesetz, daß der Blutgeruch
unzertrennliche Begleiterscheinung aller Stätten
höchster künstlerischer Kultur sein muß? Ich weiß nur
eine Ausnahme: Weimar.
Ich sitze in einem der antiken Felsenkeller in der
Nähe des Monte Testaccio vor einem Fiasco Chianti. Der
Scherbenberg ist das richtige Symbol Roms. Ist diese
Stadt nicht ein einziges, großes Sammelsurium der
Scherben von dreitausend Jahren? Hier wurden
Jahrhunderte lang die Geschicke der Welt entschieden,
doch was sind uns heute diese Staatsmänner,
Feldherren, Kaiser und Päpste viel anderes als der
Abfall, der den Monte Testaccio aufbaut? Zu ihren
Lebzeiten beugte man zitternd das Knie vor ihrer
Macht; heute steht es jedermann frei, sich mit
ihren gedruckten Überresten zu beschädigen, oder, wenn

46

ihn diese nicht interessieren, die Bücher, in denen
sie als Gespenster noch fortleben, ungeöffnet in den
Regalen der Bibliotheken stehenzulassen. Vanitas!
Vanitatum vanitas! An den Bauwerken aber, die auf uns
gekommen sind, und an den Werken der Künstler
überhaupt, kann niemand vorübergehen, ohne sie
wenigstens zu bemerken, wenn man auch oft den
Namen des Urhebers gar nicht kennt, oder nicht danach
fragt.
Zu seinen Lebzeiten war er vielleicht nur ein elendes
Individuum im Vergleich mit dem, der im Kaiserpalast
über Völker und Länder gebot. Heute aber steht sein
Werk noch da vor aller Augen, während des Cäsars
Schicksal und seine Taten höchstens Gymnasiasten langweilen. Das Tagewerk des einfachen Töpfers, in Gestalt
einer schön geformten und bemalten Vase, gilt uns im
Glasschrank des Museums mehr als die
Staatsaktion des Diktators vom gleichen Tag.

Nur die Tat des Schaffenden ist von bleibendem Wert
und Dauer, alles andere gleicht dem Scherbenberg, in
dem ich heute mit meinem Stock herumgestochert habe.

Gestern abend saß ich lang auf einer Bank am Monte
Pincio und blickte hinab auf die Ewige Stadt. Da
kamen mir allerlei schwermütige Gedanken.

Von hier aus wurde länger als ein Jahrtausend die Welt
beherrscht; zuerst von Kaisern, von denen viele,
wie Caligula und Nero, Verbrecher oder Narren waren,
dann von Päpsten, die's zum Teil noch ärger trieben,
wie etwa eine Reihe von Renaissancepäpsten, allen
voran der Mörder Borgia. Und die Welt beugte sich

dem Joch dieser Unmenschen, die sich Stellvertreter
Christi nannten! Wahrlich, der Fels Petri muß
unerschütterlich fest stehen, daß er solche
'Nachfolger Petri' ertrug, und die Mehrzahl der
Menschen muß sehr dumm sein, daß sie sich solche
Beherrschung gefallen ließ! Und gerade aus diesem
Sumpfboden erwuchsen die schönsten Blüten der Kunst.
Wie soll ich das deuten?

Macht   und Verbrechen   scheinen   überhaupt
Siamesische Zwillinge zu sein, denn ist es eigentlich
heutzutage viel   besser? Blicken wir   nur auf das
Britische Weltreich, durch   lauter verbrecherische
Gewalttaten ist es zustande   gekommen.   Indiens
grausame Vergewaltigung, der Opiumkrieg in China,
die südafrikanischen Greuel und   noch viele andere
brutale Schandtaten stinken zum Himmel.   Wo bleiben
da   die   Grundsätze des Christentums? Ist das die
vielgepriesene Kultur und Zivilisation Europas? Wird
sich die Menschheit denn nie der Macht des Teufels
entwinden?

Morgen reise ich in die Heimat zurück. Ich kann die
römischen Gespenster nicht länger ertragen.
Ich begreife aber jetzt, daß sich so unzählige
deutsche Künstler in Italien haben entmannen lassen
wie der Kastrat, den ich - den letzten seines
'Geschlechts'! - noch in der Peterskirche ad majorem
Dei gloriam singen hörte. Der Schönheit seiner Stimme
hat's zum Vorteil gereicht, sie ist tatsächlich
wunderbar, seiner Zeugungsfähigkeit dagegen weniger.
Parallelerscheinung bei manchem Künstler!

Nur einer hat dem welschen Zauber ganz widerstanden:
Grünewald. Er hat seine germanische Eigenart rein
erhalten. Ich werde zum Abschied eine besondere
Flasche auf ihn trinken.

In Kufstein will ich die Fahrt unterbrechen. Ich will
hinauf in den Bergwald, wenn's schneit oder regnet und
der Wintersturm die Wipfel der Bäume beugt und
heulend die Wolken gegen die schroffen Felswände
peitscht, und da will ich die rauhe nordische Luft
einatmen und vor dem erstbesten, noch so roh
geschnitzten gotischen Heiligen, den ich in einem alten
Bauernkirchlein antreffe, will ich beten: Laß mich nie
mehr vergessen, daß Kunst nicht Schönheit an sich ist,
sondern Kraft!   Ich Barbar!

München:

Seit ich zurück bin, ist mein ganzes Inneres in
Aufruhr. Die Fülle der Gesichte verfolgt mich bis in
meine nächtlichen Träume. Zunächst schwebte mir,
unbestimmt noch, eine Walpurgisnachtszene vor.
Vielleicht Faust beim Hexentanz? Bewegung!
Bewegung!
Je toller, desto besser. Gotisch! Es ist die Reaktion
auf die Überfütterung mit Renaissance.

Wintersaison-Antrittsbesuch bei Olfingens gemacht.
Waren nicht zu Hause; nur Juno empfing mich und
gab mir die Pfote. Ich trug ihr einen Gruß an ihre
Herrin auf.

Ich habe drei scheußlich gute Modelle für mein
Hexenbild gefunden. Als ich sie sich ausziehen ließ,
erschrak ich fast selbst. Während ich die drei Grazien
auf das Podium hinkauerte, klopfte es; ich machte
natürlich nicht auf. Hernach fand ich meinem
Briefkästchen eine Karte vom Generalkonsul von
Olfingen. Von Amaliens Hand war eine Aufforderung
darauf geschrieben, bald einmal zum Fünfuhrtee zu
kommen.

In der Graphischen Sammlung befindet sich ein guter
Abdruck von Hans Baldung Griens "Hexen". Grandios!
So etwas hätte niemals ein Italiener fertiggebracht.
Das ist nordisch-gotische Kraft und Phantasie. Echt

faustisch! Es soll aber meine eigenen Gesichtsvorstellungen beileibe nicht beeinflussen!

Ich habe einen dummen Unfall gehabt. Als ich eben zu Olfingens zum Tee gehen wollte, glitt ich an einer schadhaften Stelle des Trottoirs vor einem Neubau auf dem Glatteis aus und konnte nicht mehr aufstehen. Eine mitleidige Seele schaffte mich mittels Droschke in meine Atelierwohnung. Der Arzt konstatierte Bänderzerreißung mit Knochenabsplitterung am linken Fußknöchel. Da liege ich nun mit einem dicken Verband im Bett und kann mich kaum rühren. Der Doktor sagt, es werde mehrere Wochen dauern bis ich wieder ausgehen kann. Angenehme Aussichten! Langweilig! Zur Pflege habe ich nur die alte Zugehfrau.

Ärgerlich! Ich kann nicht malen, nur einiges im kleinen Format zeichnen, aber auch das geht schlecht im Liegen. Ich muß an Michelangelo denken, der monatelang auf dem Rücken lag während er die Sixtinadecke malte. Und dabei habe ich den Kopf voller Ideen, wenn ich auch kein Michelangelo bin. Gerade wenn man so untätig im Bett liegt, stellen sich die besten ein. Ich werde die Zeit benützen, viel zu lesen.

Weihnachten! Was man doch für Gedanken ausbrütet, wenn man so allein daliegt! Ich male mir aus, wie es sein würde, wenn ich verheiratet wäre und Kinder hätte. Da würde ich heute den Christbaum schmücken und mein hübsches, junges Weib würde mir dabei helfen. Die Kinder dürften nicht in die Stube, sie müssen bis zum Abend im Schlafzimmer bleiben, wo ihnen die Zeit

schrecklich langsam vergeht. Sie können's kaum
erwarten, bis es dunkel wird.

Im ganzen Haus riecht's nach frischem Backwerk. Die
Zuckersachen und Äpfel und die vergoldeten Nüsse
werden an Fäden gebunden und zu unterst an den
Baum gehängt, für die Kinder zum Naschen. Nur
um Gotteswillen keinen "künstlerischen" Christbaum,
der nur auf einen Farbton gestimmt ist, damit er nur ja
recht langweilig kunstgewerblerisch aussieht, den
die Besucher ansehen und mit: ah, wie hübsch!
bewundern, und bei dem man Angst haben muß, daß
der Schnee aus Watte anbrennt.
Nein! In dem Gewirr der Zweige unseres Baumes
müssen die Kinder Entdeckungsreisen machen können.
Da muß alles von märchenhaftem Leben durchwoben
sein, geheimnisvoll und bunt, bunt in allen Farben muß
der Baum schillern. So vielerlei Farben wie nur
möglich. Kinder und Künstler lieben das Farbige so sehr.
Also unten, da ist die Region der irdischen
Genüsse; da darf kein Engel mit dem flammenden
Schwert dabeistehen um Obacht zu geben, daß kein
Apfel oder Lebkuchen herunterstibitzt wird. Nur
zugelangt! Die guten Sachen sind zum Essen da, und
es ist nur einmal im Jahr Weihnachten. Sind die
Zweige ausgeplündert, so hängt man wieder was hin
und sagt den Kindern: das ist über Nacht nachgewachsen.
Dann, weiter oben, da hängen kleine Spielsachen,
ein Kasperl, in Kaminkehrer aus gedörrten Zwetschgen,
eine Trompete, ein Pelzmärtel, dann allerlei Getier,
schillernde Vögel und Schmetterlinge, und ganz innen
am Stamm, an einer freien Stelle, sitzt ein Buntspecht
und hackt an der Rinde. Das ist die Märchenregion,

deshalb dürfen hier auch Hänsel und Gretel und die Knusperhäuschenhexe nicht fehlen.

Dann, wieder ein Stück weiter oben, fliegen kleine Engel durchs Gezweig, goldene Sterne glitzern und ein Komet mit einem langen Schweif ist auch zu sehen. Das ist die Region der himmlischen Heerscharen. Dahinauf kann man nicht gelangen, man kann die Wunder nur von unten bestaunen.

Ganz zu Oberst schwebt das Christkindlein, darüber bläst ein Engel in einer silbernen Gloriole die Posaune, und vor der allerobersten Spitze des Baums leuchtet der Stern von Bethlehem aus Rauschgold.

Alles ist über und über gespickt mit roten, blauen, gelben, grünen und weißen Wachskerzen, deren Licht geheimnisvoll flackert. Die stimmungslose elektrische Baumbeleuchtung soll der Teufel holen.

Unter dem Baum steht eine schöne Krippe mit Josef, Maria und dem Jesuskind, daneben Ochs und Esel und die Hirten, von der Seite ziehen die heiligen drei Könige auf ihren Kamelen heran.

Auf dem Tisch liegen die Geschenke für die Kinder: Spielzeug, Puppen, Bilderbücher, ein Malkasten, ein Schaukelpferd und dabei auch was zum Essen. Für meine Frau gibt's schön gebundene Bücher, Klaviernoten und weil ich gerade ein Bild gut verkauft habe, einen goldenen Armreif mit schönen Edelsteinen besetzt, in einem Etui, das mit hellblauem Samt ausgeschlagen ist.

So hat sich meine Phantasie ein nettes Weihnachtsfest erträumt. Ich bin ein rechter Kindskopf!

Aber etwas reales will ich doch auch haben. Die Zugeherin soll mir einen Grog brauen helfen, und eine importierte Zigarre will ich dazu rauchen. Drei liegen noch in der Schublade, eine für heute, eine für morgen nach dem Mittagessen und eine für den Silvesterabend.

Gegen Abend läutet es, und die Hausmeisterin brachte mir ein Päckchen, das für mich abgegeben worden war. In der Schachtel lag eine hübsch eingebundene Ausgabe von Adalbert Stifters "Studien", dabei einige Süßigkeiten und ein Tannenzweig mit einer bunten Schleife, woran eine Karte mit einem Weihnachtsgruß von Amalie von Olfingen hängt. Es denkt heute also doch jemand an mich.

Ich muß gleich Blumen besorgen lassen, die soll die Zugehfrau dem guten Kind noch am Abend bringen. Von meiner Krankheit will ich lieber nichts schreiben.

Gestern Abend habe ich noch lange in Stifters "Studien" gelesen. Das waren schöne Zeiten, da die Menschen noch Gemüt besaßen und Geist, und nicht ausschließlich an's Geschäft dachten. Mich mutet's an wie uraltes, geborstenes Mauerwerk, das von Schlinggewächsen ganz überwuchert ist.

Nun brauche ich doch wenigstens nicht mehr zu Bett zu liegen. Ich kann am Stock ins Atelier hinüber humpeln und dort, auf dem Diwan liegend, meine Zeit mit Lesen und ein wenig Zeichnen verbringen. An Malen auf der Staffelei ist freilich noch nicht zu denken.

Heute ist also Begräbnistag des alten Jahres. Ich
lasse an meinem Geist noch einmal alles vorüberziehen,
was ich in seinem Verlauf erlebt habe. Es hat mir so
manches Geschenk in den Schoß geworfen, wofür ich
dankbar bin.

Was soll ich mir vom neuen Jahr wünschen? Erfolg als
Künstler? Nein! "Erfolg" ist ein Wort, das der
Schaffende niemals in den Mund nehmen sollte,
insofern man nämlich Erfolg bei der großen Masse
darunter versteht. Der ist kein zuverlässiger
Wertmesser. Der erbärmlichste Kitschmaler kann ihn
haben und hat ihn sogar öfter und leichter als der
wahrhafte Künstler der hat Erfolg meist erst
dann, wenn er im Grab liegt; manchmal dauert es
Jahrhunderte. - Aber, Erfolg in dem Sinn der Befriedigung in der eigenen Brust? Auch das nicht!
Nur der Stümper und der Dilettant sind mit sich
Selbst zufrieden.
Selbstzufriedenheit bedeutet Stillstand, Rückgang. Nur
der ewig unbefriedigte Geist hat den Antrieb zum
Fortschreiten. So wünsche ich mir denn Fortschritt,
rastlosen Fortschritt, immer höher hinauf, immer noch
steilere Gipfel! Sturm in die Segel!

Und als Mensch? Ach, ich gestehe mir mein Sehnen
nach einer gleichgestimmten Lebensgefährtin, nach
einer mitschwingenden Seele, offen ein. Und auch
meine Zweifel. Ist es nicht am Ende die gleiche Sache
wie mit der Selbstzufriedenheit? Wirkt nicht das
Eingelulltsein in ein behagliches Eheleben auch
ertötend und lähmend auf die Schaffenskraft? Braucht
nicht der Höhentrieb die Unrast, ja das ungestillte

Sehnen? Hätte Goethe seinen Werther als glücklicher
Ehemann zu schreiben vermocht? Und Grünewald, der
war "übel verheuratet" als er seine großen Werke schuf.
Auch das Unglück ist Sturm in die Segel! Und welches
Bleigewicht an den Füßen bedeutet für den Geist, der
sich in unirdischen Regionen ergehen will, eine Schar
von Kindern, die nach dem täglichen Brot schreit und
die versorgt, beaufsichtigt und geleitet sein will!
Und welch eine Gefahr, sich vielleicht an ein Wesen zu
binden, von dem man unter Umständen zu spät erkennt,
daß man sich in ihm getäuscht hat!

Ich muß den Namen "Amalie" nennen, er drängt sich mir
immer wieder auf, und ich will den Tatsachen ins Auge
schauen, alles klar sehen wie es ist, und mit mir ins
reine kommen. In ihr würde ich mich sicherlich nicht
getäuscht haben. Würde sie als meine Gattin nicht eher
mein Streben beflügeln statt lähmen? Vielleicht! Nein,
gewiß! Doch, liebt sie mich denn? Ich habe kein Recht,
dies anzunehmen. Sie ist mir freundschaftlich gesinnt,
kein Zweifel, sie interessiert sich immerhin für den
Künstler in mir, das sagt jedoch noch gar nichts darüber, wie sie dem Menschen gegenüber eingestellt ist.
Ich weiß es nicht. Und würde sie überhaupt einem Mann
ohne gesellschaftliche Stellung, ohne Adelstitel, ihre
Hand reichen? Vielleicht ja; sie scheint frei und
großzügig genug zu denken, um sich über unzeitgemäße
konventionelle Schranken hinwegzusetzen. Aber sie
ist offenbar ein sehr vermögendes Mädchen; würde
sie nicht argwöhnen, daß es mir mehr um ihr Geld als
um ihr Herz zu tun sei? Das fürchte ich am meisten.

Dazu quälen mich Zweifel, ob es mir gelingen würde,
sie so glücklich zu machen, wie ich es möchte und wie
sie's verdient. Die Künstlergattin hat eine
gefährliche Nebenbuhlerin: die Kunst!

So oft ich ein Werk vollendet hatte, das ich, solang
es auf der Staffelei stand, zärtlich und mit Inbrunst
liebte, ist es mir hernach noch jedesmal gleich
damit ergangen: die Liebe war erkaltet, ja, ich
mochte es in manchen Fällen gar nicht mehr ansehen,
war froh, wenn es weg war. Ich habe schreckliche
Angst, mit einer Frau könnte das am Ende ebenso sein.
Auch mit Amalie?

Dumme Gedanken! Ich weiß doch gar nicht, ob
Amaliens Herz überhaupt noch frei ist. Schließlich
könnte es mir nochmals so ergehen wie mit Resa. Ich will
mir all das aus dem Kopf schlagen. Vorbei! Vorbei!
Meine Muse sei und bleibe meine einzige Geliebte!

Ich kann wieder ausgehen. Zwar hinke ich noch
jämmerlich am Stock, immerhin es geht. Der Arzt meint
sogar, etwas Bewegung sei gut als Massage, nur keine
Überanstrengung.

Einer meiner ersten Gänge war zu Olfingens. Amalie erschrak, als sie mich am Stock gehen sah und war recht
böse auf mich, daß ich ihr nichts von meinem Unfall
mitgeteilt hatte. Sie sagte, sie hätte sich nicht
erklären können, warum ich mich gar nicht mehr sehen
hatte lassen.

Ich habe die Arbeit am Walpurgisnachtbild wieder

aufgenommen. In der Zwischenzeit hat sich die
Gesichtsvorstellung geändert und, wie ich glaube,
vervollkommnet. Komposition und Bewegungsmotiv
sind sehr kühn. Ob ich der Aufgabe so ganz gewachsen
bin?

Mephistopheles und Faust, ersterer mit verschränkten
Armen und boshaft vergnügtem Gesicht ruhig zusehend,
letzterer mit dem Ausdruck des Grauens in seiner
Miene, läßt das "schöne Mädchen fahren, das ihm zum
Tanz so lieblich sang - ach, mitten im Gesange sprang
ein rotes Mäuschen ihr aus dem Munde". Beide Gestalten
sind mehr in den Hintergrund gestellt. Die Gruppe der
wüsten, alten Hexen vorn dominiert. Sie muß
furchtbar, packend, grausig werden. Alle
Leidenschaften müssen entfesselt sein.

Hexen! Was sind denn Hexen? Werkzeuge des Teufels!
Eva war die erste. Etwas davon steckt in jedem Weibe
und kämpft mit dem Engel, der ebenfalls darinsteckt.
Die Hexe ist erst fertig, wenn der Engel überwunden ist.
Am gefährlichsten wird die Sache, wenn der Teufel dann
die Maske des Engels annimmt.

Ich will alle Stadien darstellen, von der Anfängerin
bis zur vollendeten Megäre.
Die Zeit verrinnt mir über der Arbeit mit rasender
Schnelligkeit. Ich lebe nur noch für meine Kunst.
Alles übrige tritt dagegen zurück. Kaum daß ich mir
Zeit zum Essen nehme. Ich will mir meine Gesichte
durch keine anderen Eindrücke stören lassen. Ginge ich
jetzt in ein Theater oder sonstigen Vergnügungen nach,
ich käme mir vor wie ein Ehegatte, der neben seiner
Frau noch eine Geliebte hat.

Ein grosser ungenannter Maler war bei mir,
um sich mein Hexenbild anzusehen. Er findet den
Entwurf gut. Auf sein Urteil gebe ich was, denn er ist
einer der wenigen, die was können und verstehen, und
die die Arbeit anderer nicht nur durch die eigene
Brille anschauen und bewerten können.

Habe heute eine Einladung des Generalkonsuls zu einer
kleinen Tanzerei erhalten. Sagte dankend ab, da mir
mein Fuß noch nicht gestattet zu tanzen. Noch
wichtigerer Grund: nur jetzt keine Ablenkung!

Das Walpurgisnachtbild ist fertig. Ich will es für die
heurige Glaspalastausstellung einsenden.

Für die junge Hexe mit dem roten Mäuschen hatte ich
ein vorzügliches Modell gefunden, ein richtiges,
tadellos gewachsenes, rothaariges, kleines Hexlein.
Merkwürdig! Sie ist die Tochter des scheußlichsten
meiner drei alten Hexenmodelle. Einen größeren
Kontrast als diese Mutter und diese Tochter
nebeneinander kann man sich kaum vorstellen.
"Sehens' Herr Professer, so schön bin i'aa amal
gwesn", hat die Alte gesagt.

Nun sieht es in meinem Innern wieder aus wie in einer
leer geräumten Wohnung. Ich weiß nicht, ob mir je
wieder was einfallen wird, ob ich noch einmal zu Pinsel
und Farbe werde greifen können. Das Gemälde mutet
mich an, als sei es gar nicht von mir. Ich schaue es an wie
das Werk eines Fremden. Bin ich überhaupt ein Maler?

So muß es dem Apfelbaum zumute sein, wenn man ihn im Herbst abgeleert hat und die Leute die Früchte forttragen, um sie zu essen, und der Baum weiß nicht, ob er im Frühjahr wiederum blühen, ansetzen und abermals Äpfel tragen wird, ob nicht über Nacht der Frost die Blüten dahinrafft. Vorerst will ich bummeln gehen.

Gestern war ich ins Offizierskasino des Regiments, dem ich als Reserveoffizier angehöre, zu einer Festtafel geladen. Der Geburtstag des alten Prinzregenten wurde gefeiert. Mein Freund Kallmann war auch da, und wir gingen spät in der Nacht zusammen nach Hause. Er fing an, mir vorzuschwärmen, wie schön es sei, glücklich verheiratet zu sein, und meinte dann, bei mir sei es nachgerade auch Zeit, an die Ehe zu denken. Warum ich denn eigentlich nicht heirate, fragte er. Ich wollte Fritz meine Gründe nicht weitläufig auseinandersetzen und sagte daher nur: "Ich habe kein Glück bei den Damen." "Oho!" antwortete er, "du und kein Glück bei Damen? Das ist denn doch ganz und gar nicht richtig; du bist ja sogar sehr vom Glück begünstigt, wie ich ganz bestimmt weiß."

Verblüfft horchte ich auf und frug: "Wie meinst du das?"

Er machte mir daraufhin Andeutungen, daß er darüber unterrichtet sei, eine Dame interessiere sich sehr für mich. "Ich sollte dir ja eigentlich nichts davon verraten," fuhr er fort, "aber wenn du selbst darauf kommst, um wen es sich handelt, so nenne ich dir den Namen."

Da war nun nicht eben schwer zu raten. Ich erinnerte
mich sofort, daß Amalie eine intime Freundin von Kallmanns Frau sei, und sagte: "Sprichst du vielleicht von
Fräulein von Olfingen?"

"Aber natürlich!" gab er zur Antwort. "Sie ist doch
bis über die Ohren in dich verliebt, das sieht ja ein
blindgeborenes Kind, weißt du denn das nicht? Und du
kümmerst dich so wenig um das nette Mädchen, das
begreifen wir nicht. Erst neulich hat sie sich wieder
bei meiner Frau beklagt, daß du zu ihrem Tanzfest
nicht gekommen bist, sie sagte, sie hätte sich so
darauf gefreut, und da hättest du ihr die ganze
Freude verdorben."

Diese unerwartete Eröffnung ging mir stark im Kopf
herum. Lange fand ich keinen Schlaf.
Sollte es denn wirklich richtig sein, daß Amalie mich
liebt? Sie hat das offenbar Frau von Kallmann anvertraut, also kann wohl kein Zweifel bestehen. Herrgott,
wenn das wirklich so ist! Ich vermag's noch nicht zu
fassen. Etwas Ungeheures ist über mich gekommen. Ein
Herz, das von Liebe zu mir erfüllt ist,
zurückzustoßen, aus Gründen, die sich nur auf
Befürchtungen, Mutmaßungen, auf 'vielleicht' und
'möglicherweise' stützen, wäre nicht nur töricht,
sondern geradezu frevelhaft. Was soll ich tun? Was ich
längst für das herrliche Geschöpf empfand, ist ja
doch auch nichts anderes als Liebe, wenn ich's mir
auch nicht einzugestehen getraute. Und ich brachte es
fertig, die Geliebte durch mein dummes Zögern und
meine unnötigen Bedenken zu betrüben!

Ich will gleich morgen zu ihr.- Nein, morgen noch
nicht! In einer so wichtigen Sache darf nicht übereilt
werden. Amalie könnte am Ende den Verdacht
schöpfen und meinen, daß mich Kallmann nur
überredet hätte.
Erst muß sie von der Lauterkeit und Aufrichtigkeit
meiner Gefühle überzeugt sein und wissen, daß sie
nicht von gestern stammen. Doch, wie das anfangen?
Ich muß meine Ungeduld vorerst bezwingen.

Meine Gedanken sind ununterbrochen bei Amalie. Die
Magnetnadel läßt sich nicht dauernd aus der
Meridianebene ablenken.

Je mehr ich die Sache überdenke, desto klarer wird
mir, daß wir wie für einander geschaffen sind. Das
Gute Kind soll nicht länger mehr vergeblich harren!
Ja, ich liebe sie, liebe sie inniger noch, seit ich
weiß, daß auch sie mich liebt. Solche Anziehungskraft
kann nicht einseitig sein. War ich mit Blindheit geschlagen, daß ich nicht gleich merkte, sie fühle für
mich mehr als Freundschaft?

Morgen will ich zu ihr.
Sie ist fort, wieder zur Tante nach Greifenstein! Ich
traf den Generalkonsul allein. Wir sprachen bei einer
Zigarre über gleichgültige Dinge. Ich muß ihm recht
zerstreut vorgekommen sein. Er teilte mir mit, daß
er sich demnächst wieder verheiraten werde.

Ich bin in trüber Stimmung. Es kostet mich
Überwindung, zu arbeiten. Soll ich Amalie in

Greifenstein aufsuchen? Nein! Es wäre zu auffallend.
Ich darf doch nicht mit der Tür ins Haus fallen. Frau
von Kallmann muß mir helfen. Geduld!

Ich habe Amaliens Bildnis aus dem Gedächtnis gemalt.
Ich glaube, es ist gut gelungen. Während der Arbeit
hielt ich im Geist Zwiesprache mit der Geliebten;
es war mir, als sei sie gegenwärtig. Dürfte ich sie
doch bald in meine Arme schließen!

Nun verstehe ich besser die andächtige Verehrung von
Bildwerken der Heiligen durch fromme Seelen. Es liegt
etwas Rührendes darin. Die Gottesmutter selbst können
sie nicht sehen, so beten sie ihr Bild an.

Mißgeschick über Mißgeschick! Traf heute Kallmann,
der mir mitteilte, Amalie sei zwei Tage hier gewesen
und dann nach Meran abgereist, wo ihr verheirateter
Bruder auf den Tod krank darniederliegt. Sie will
die Schwägerin in der Pflege unterstützen.

Der Generalkonsul hat geheiratet. Amalie scheint nicht
sehr erfreut darüber zu sein.

Es ist schrecklich. Ich kann nicht arbeiten vor
innerer Unruhe. Schreiben kann ich doch auch nicht an
Amalie; es geht nicht, daß ich ihr im jetzigen
Augenblick mein Herz ausschütte, sie wird nicht in der
Stimmung sein, mich anzuhören.

Ich erhielt heute die Anzeige vom Tod des Bruders
Amaliens. Nun wird sie wohl bald zurückkommen, das
arme Kind.

Ich war bei Olfingers, um ihnen persönlich meine Teilnahme auszusprechen. Amalie ist von Meran zurück, ich konnte jedoch unter den gegebenen Umständen keine Aussprache mit ihr herbeiführen, auch waren ja der Vater und die Stiefmutter zugegen. Wenigstens konnte ich für Augenblicke wieder die Nähe der Geliebten genießen. In dem Trauerkleid sieht sie entzückend aus, macht aber einen arg niedergeschlagenen Eindruck.

Eine neue Hiobsbotschaft: Fritz Kallmann teilt mir mit, daß Amalie beabsichtigt, für lange Zeit in die Schweiz zu reisen, vielleicht für immer dorthin überzusiedeln. Übermorgen schon will sie fort. Nun drängt es zum Handeln. Ich will gleich zu Frau von Kallmann, sie muß mir helfen. Oder soll ich mit Amalie selbst sprechen und ihr meine Liebe gestehen? Nein, ich darf sie nicht so unvermittelt überfallen. Ihre Freundin soll sie vorbereiten.

Abends:
Frau von Kallmann hat mir versprochen, gleich morgen früh noch mit Amalie zu reden, sie über meine Gefühle für sie aufzuklären und ihr zu sagen, in welche Bestürzung mich ihre Abreise versetzt. Ich klammere mich an die Hoffnung, daß sie sich noch von dem unseligen Entschluß, die Stadt dauernd zu verlassen, abbringen lassen wird. Dann wäre alles gewonnen.
Nun ist der Karren unglückseligerweise ganz verfahren!
Frau von Kallmann beschied mich für den Nachmittag zu sich. Auf den ersten Blick las ich in ihren Mienen nichts freudiges.

"Es tut mir aufrichtig leid", begann sie, "daß ich
Ihnen keinen günstigen Bescheid geben kann. Amalie
reist morgen ab. Ich habe lange und eindringlich mit
ihr über Sie gesprochen und ihr versichert, daß ich
bestimmt weiß, Sie hegten die innigste Liebe zu ihr,
liebten sie lange schon von ganzem Herzen. Ich sagte,
nur die bekannten Umstände hätten Sie abgehalten, sich
ihr zu erklären. Ich bin warm für Sie eingetreten und
habe versucht, meine Freundin von ihrem Plan
abzubringen, jetzt fortzugehen. Es war umsonst.
Amaliens Wesen ist seit ihrer Rückkehr von Meran
sehr verändert. Es ist nicht nur die Trauer um den
Bruder, den sie sehr geliebt hat, ich weiß nicht, was
sie sonst noch bedrückt. Ganz klug bin ich nicht aus
ihr geworden. Sie macht den Eindruck eines Menschen,
der völlig aus seiner Bahn geworfen ist, äußerte,
sie glaube nicht zu Ihnen zu passen und imstande zu
sein, Sie glücklich machen zu können und was dergleichen Bedenken mehr sind. Ich begreife diese Zweifel um
so weniger, als ich von früheren Gesprächen her weiß,
daß sie ganz bestimmt anders für sie empfand. Das ist
leider alles, was ich Ihnen mitteilen kann."

Da stand ich nun, wie vor den Kopf geschlagen, und sah
mein Glück und all mein Hoffen in Trümmer gehen.
Was mochte sich wohl ereignet haben? Es blieb ein
ungelöstes Rätsel.

Unfähig, meine Gedanken zu sammeln, danke ich der
Dame für ihre freundlichen Bemühungen und bar,
ein andermal, wenn ich in Ruhe über alles

nachgedacht hätte, mich mit ihr nochmals besprechen zu
dürfen.

"Wie gesagt, ich bedauere lebhaft, daß ich Ihnen keine
günstigere Nachricht geben konnte", sagte sie, indem
sie mir zum Abschied die Hand reichte. "Fürs erste
müssen Sie sich damit abfinden, ich konnte nicht mehr
bei Amalie erreichen".

In trübe Gedanken versunken ging ich nach Hause.
Lange sann ich über das nach, war ich erfahren hatte,
dann setzte ich mich an den Schreibtisch und schrieb an
die Frau meines Freundes den folgenden Brief:

Hochverehrte Gnädige Frau!

Es war mir begreiflicherweise heute, unmittelbar nach
ihrer Mitteilung, nicht möglich mich über das, was Sie
mir ausgerichtet haben, eingehender zu äußern. Ich
mußte mich erst fassen, erst mit mir selbst ins reine
kommen.
Gestatten Sie, daß ich Ihnen meine Gedanken in
folgendem darlege. Ich tue es schriftlich, da ich
jegliches Mißverständnis ausschließen möchte.

Liebe ist eine Empfindung, die nicht immer sofort ins
Bewußtsein tritt. Jetzt weiß ich, daß das, was ich für
Fräulein von Olfingen fühlte, Liebe war. Lange habe
ich dieses Gefühl in der Brust getragen, ohne daß ich
es wagte, es mir einzugestehen. Fräulein von Olfingen
war bis dahin für mich ein leuchtender Stern in
unerreichbarer Ferne, nach dem die Hand
auszustrecken mit Aberwitz schien. Nur seinen

Schimmer ließ ich meinem Lebensweg leuchten. Bedenken Sie den Unterschied: sie ein wohlhabendes Mädchen in glänzender gesellschaftlicher Stellung, ich ein armer Maler ohne bedeutenden Namen und mit nur allzu berechtigtem Zweifel an meinem Talent! Dürfte ich es da wagen, um sie zu werben, zumal da ich mir völlig im unklaren über ihre Gefühle gegen mich war? Erst als ich die Gewißheit hatte, daß ich ihr mehr sei als ein Mensch, an dessen Innenleben sie einiges Interesse gezeigt, und den sie vielleicht als Künstler schätzte, fand ich den Mut, sie zu begehren, und kämpfte die Neigung, die mich längst erfüllte, nicht mehr nieder. Aber da war mir Amalie entschwunden und ich hatte keine Möglichkeit, mich ihr mitzuteilen, denn es schriftlich zu tun, hielt ich nicht für den geeigneten Weg, besonders angesichts der damaligen unglücklichen Umstände. Und nun flieht sie mich abermals! Was soll ich, was kann ich da tun?

Was nun die Gründe anbetrifft, mit denen Ihre Freundin Ihnen gegenüber ihre Bedenken motiviert, so kann ich dieselben nicht als stichhaltig anerkennen, sofern wirklich nichts anderes dahintersteckt. Fräulein von Olfingen behauptet, sie passe nicht zu mir; Vergebung! aber das muß doch ich besser beurteilen können! Ich stelle dem meine Überzeugung gegenüber, daß kein Menschenkind unter der Sonne besser zu mir paßt als gerade sie. Und wenn sie Zweifel hat, ob sie mich glücklich machen könnte, so muß ich auch das doch wiederum besser wissen. Ich habe diese Zweifel nicht. Ich würde mein Glück allein schon darin finden, wenn es mir vergönnt wäre, meine ganze Kraft daranzusetzen, um sie glücklich machen zu dürfen.

Schließlich ist es nicht widersinnig, jemanden mit
Sicherheit unglücklich zu machen, weil man ihn
'vielleicht' nicht glücklich machen kann?

Doch vorerst muß ich die Sache hinnehmen wie sie nun
einmal leider ist, sosehr ich bedauere, daß es so und
nicht anders gekommen ist. Also, Fräulein von Olfingen
reist ab, und das ist vielleicht gut so. Fern von hier
kann sie in Ruhe über alles nachdenken und sich
schlüssig machen. Ich dränge nicht, sosehr mich auch
die Ungewißheit martert. Aufdringlich möchte ich um
keinen Preis erscheinen. Wenn es sein muß, will ich
Jahre um sie ringen, will ich arbeiten, bis ich einen
Namen und eine Stellung in der Welt habe. Mit diesem
Ziel vor Augen fühle ich Kraft in mir, mich an die
nächsten Aufgaben zu wagen.

Bitte teilen Sie, verehrteste Gnädige Frau, Ihrer
Freundin aus diesem Brief mit, was Sie für gut und
sachdienlich halten, ich stelle es ganz Ihrem
Ermessen anheim, und übermitteln Sie ihr meine
herzlichsten Abschiedsgrüße. Die Überzeugung möge
Fräulein von Olfingen mit sich nehmen, daß ich es
aufrichtig und ehrlich meinte, und daß ich nicht
aufhören werde, an sie zu denken. Dürfte ich glauben,
daß auch ich nicht ganz vergessen werde, so wäre mir
das ein großer Trost.

Ich lebe in peinlicher Erwartung dahin. Auch Frau von
Kallmann weiß nicht, was sie von Amaliens Verhalten
denken soll. Sie hat meinen Brief beantwortet und mir
mitgeteilt, daß sie ihn so, wie er war, an ihre
Freundin nach der Schweiz geschickt habe. Damit hat

sie meinen unausgesprochenen Wunsch erfüllt.

Mein Gemütszustand schwankt zwischen trüber Niedergeschlagenheit und Hoffnung auf eine Wendung zum Guten.

Ich grübele beständig darüber nach, was denn eigentlich vorgegangen ist. Daß ich mit der Nachricht von Amaliens Neigung zu mir getäuscht worden bin, daß sich Frau von Kallmann selbst getäuscht hat, ist ausgeschlossen. Also muß sich Amaliens Gesinnung gegen mich gewandelt haben. Was ist die Ursache? Habe ich Anlaß dazu gegeben? Wohl habe ich sie längere Zeit über vernachlässigt, aber sie muß die Gründe dafür doch einsehen und als berechtigt erkennen. Ist ihre Liebe zu mir in der langen Zeit, da sie unerwidert blieb, erkaltet, erloschen? Verdenken könnte ich es dem Mädchen nicht. Sollte dem so sein, warum könnte sie dann nicht wieder aufflackern, sobald Amalie meine Gründe kennt und würdigt. Ein Hoffnungsstrahl! Wie aber kommt sie zu den geäußerten Zweifeln?
Übertriebene Gewissenhaftigkeit? Ich kann nicht recht daran glauben. Rätsel über Rätsel! Ich finde keine Lösung, mein Verlangen nach der Geliebten aber steigt immer mehr, bis zur Leidenschaft, die mich verzehrt.
Ich warte und warte. Soll ich dies lange Schweigen Amaliens im günstigen oder ungünstigen Sinn deuten? Der Zustand der Ungewißheit beginnt unerträglich zu werden. Ich kann die Stunde kaum erwarten, da der Briefträger meine Post zu bringen pflegt. Wohl ein dutzendmal des Tags sehe ich im Briefkästchen nach, immer vergeblich.

Da ich jetzt doch nicht arbeiten kann, möchte ich am
liebsten fort, weit fort, wenn ich nur könnte. Eine
Nachricht würde mich dann aber noch später, möglicherweise gar nicht erreichen; das würde meine innere
Unruhe nur noch vermehren.

Ich traf heute Frau von Kallmann in der Stadt. Sie ist
immer noch ohne Nachricht.

Sollte mir Amalie meinen Brief verübelt haben? ich
habe doch wahrhaftig nichts geschrieben, was sie
kränken könnte.

Endlich kam heute ein Brief mit der Aufschrift von der
Hand der Frau von Kallmann. Ich habe ihn zitternd
geöffnet. Ich hielt im vollsten Sinn des Wortes mein
Schicksal in Händen.

Der Umschlag enthielt zwei Briefbogen. Der eine,
dessen Kopf den Namen eines Hotels am Genfer See
aufwies, war von Amalie.

Ich las: Liebe Klara!
Mit meiner Antwort zögerte ich nun fast vier Wochen,
um Dir die Gewißheit zu geben, daß ich nicht einen
übereilten, unüberlegten Entschluß fasse, obwohl ich
am ersten Tag nicht anders geschrieben hätte als
heute.

Ich muß Dir sagen, daß ich über die Briefe etwas erstaunt war. Ich habe doch schon gleich, nachdem Du mir

Mitteilung über die Sache gemacht hattest, mich dahin
ausgesprochen, daß ich mir vollkommen darüber im
klaren sei, meine Gefühle für den Malerr seien nicht
derart, daß ich ihm fürs Leben angehören könnte, und
ich hätte die Überzeugung, daß ich infolgedessen weder
mit ihm glücklich werden, noch ihn glücklich machen
könne. Das wollte doch mehr sagen, als die Gründe und
Bedenken, von denen Ihr, Du und er, schreibt. Du
konntest danach keinen Zweifel mehr darüber haben, was
mein Entschluß sei.
Selbstverständlich bin ich von seinem ehrenwerten
Charakter überzeugt und unterschätze ihn nicht, doch
hätte ich bei Deiner Mitteilung ein Gefühl der Freude
empfinden müssen, wenn mich eine innige Liebe für ihn
erfüllte; ich würde in diesem Moment gewiß nicht kalt
geblieben sein.

Wirkliche Liebe stellt keine Erwägungen an und kennt
keine Hindernisse und Zweifel, sondern greift zu.

Ich möchte durchaus nicht, daß er glaubt, meine
Antwort sei das erstemal zweifelhaft gewesen, wozu er
allerdings berechtigt war, da Du selbst den Vorschlag
machtest, Du wolltest mir noch einmal schreiben. Ich
weiß sehr wohl, daß Du es nur gut mit mir gemeint hast
und daß Du glaubtest, zu meinem Glück zu handeln,
indem Du die Sache nicht gleich abschlossest, aber Du
kannst sicher sein, daß mein Entschluß feststeht. Es
wäre auch nicht anders gekommen, wenn ich die Stadt
nicht verlassen hätte.

Wie ein eisiger Hauch weht es mir aus dem Papier
entgegen. Mir ist, als wäre mir ein Dolch kalten
Blutes ins Herz gestoßen worden. Mein Brief war doch
herzlich und mit Wärme geschrieben. Auch wenn mich
das Mädchen nicht liebt, ein Tröpflein Mitgefühl wären
meine aufrichtigen Versicherungen denn doch wert
gewesen!. Ich stehe immer vor neuen Rätseln. Ein
Glück, daß auf die Wunde in dem Augenblick, in dem sie
mir beigebracht wird, zugleich Eis gelegt wird. Sollte
das am Ende Amaliens Absicht sein?

Der zweite Brief ist von Frau von Kallmann. Er lautet:
"Eben erhielt ich den beiliegenden Brief. Daß mich
diese Antwort hochgradig in Erstaunen setzt, brauche
ich Ihnen kaum zu versichern. Ich bin recht ärgerlich
darüber. Ich lese zwischen den Zeilen, daß mir der
Vorwurf gemacht wird, in Ihnen unbegründete Hoffnung
wachgerufen zu haben. Wenn dies in der Tat geschehen
sein sollte, so war es nicht meine Absicht, ich hatte
ja doch auch gar keine Berechtigung hierzu. Allerdings
bin ich in der ganzen Sache mehr auf Ihrer Seite
gestanden und habe auch nach Amaliens erster Absage
die Hoffnung noch nicht gleich aufgegeben. Nun hat sie
nochmals dieselbe Entscheidung getroffen. Wenn sie
sich Ihnen nicht von ganzem Herzen hingeben könnte,
ist es wohl für Ihrer Beider Glück besser so.

Ich glaube Ihnen einen Gefallen zu tun, wenn ich Ihnen
das Peinliche einer mündlichen Unterredung erspare,
und ziehe daher diesen Weg vor.

Nochmals spreche ich Ihnen mein Bedauern aus, daß ich
Ihnen nicht zu einem günstigeren Ergebnis behilflich

sein konnte, ich hätte es sehr gewünscht"

Ich erwiderte:

"Nehmen Sie meinen besten Dank für die Übersendung
des Briefes, der die Entscheidung über mein Schicksal
brachte. Fräulein von Olfingen bricht damit alle
Brücken zwischen mir und ihr ab. Ich bettele nicht
um das Herz eines Mädchens, wenn mir dies nicht gern
und willig entgegengebracht wird. Möge sie es nie
bereuen, einen Menschen abgewiesen zu haben, der
bereit war, sein Leben ihrem Glück zu weihen, und
dessen Lebensglück sie durch ihre unerklärliche
Unzugänglichkeit vernichtet.

Ob ich sie trotz allem jemals vergessen kann, weiß ich
nicht; unendlich traurig bleibt es auf jeden
Fall, daß zwei Menschen, die so glücklich miteinander
hätten werden können, dies nicht sein sollen, weil
eine Verkettung von widrigen Umständen sie trennt.
Es tut mir aufrichtig leid, daß Sie sich um
meinetwillen die so sehr unberechtigten Vorwürfe Ihrer
Freundin zugezogen haben.
Von ganzem Herzen danke ich Ihnen nochmals für alle
Ihre Bemühungen und für Ihre teilnehmenden Worte.

Das Kuvert ist geschlossen und mir ist, als hätte ich
soeben meine Liebe eingesargt. Das Weh will mich über-
mannen. Ich muß stark bleiben! -

Die bitteren Gefühle beginnen einer weicheren
Stimmung Platz zu machen.

Amalie kann nicht an meine Liebe glauben. "Wirkliche
Liebe stellt keine Erwägungen an und kennt keine
Hindernisse und Zweifel, sondern greift zu", das
ist's! Sie wollte im Sturm genommen sein. Nun ist's zu
spät. Neuerdings den Versuch zu machen, sie von
meiner aufrichtigen Liebe zu überzeugen, verbietet mir
schon mein Stolz. Habe ich mir Vorwürfe zu machen?
Ich glaube nicht. Ein grausames Schicksal trennt uns.

Der unglückselige Brief entspricht nicht der wahren
Natur Amaliens. So gänzlich kann ich nicht ein Wesen
verkannt haben, an dem ich mit ganzer Seele hing. Es
muß noch etwas anderes mit im Spiel sein.
Aber nun ist alles aus. Der Weg zur Geliebten ist
abgeschnitten. Die Liebe hat Schiffbruch gelitten,
die Hoffnung ist dahin; trotz allem, den
Glauben an die Geliebte will ich mir nicht rauben
lassen!

Noch immer irre ich umher wie ein Geistesabwesender.
Die Wunde will nicht vernarben. Ich will niemanden
sehen, von niemandem gesehen werden. Ich muß mich
betäuben.
Ich war auf dem Land, aber ich fühle mich dort nur
noch einsamer und unglücklicher.

Mein Walpurgisnachtsbild, das ich nach Schluß der
Glaspalast-Ausstellung auf Reisen geschickt hatte,
ist von der Galerie in München angekauft worden.

Wiederum ein Weihnachtsfest, das trübseligste, das ich
je erlebt habe. Weihnachten ist ein deutsches
Familienfest. Wenn man keine Familie hat, soll man
lieber ganz auf die Bedeutung des Tages vergessen. Ich
will aber heute, wenn's dunkel wird, auf den
Christkindlmarkt gehen und den Kindern, die sich dort
noch herumtreiben, kleine Geschenke kaufen.

Ich habe versucht, mich in den Strudel der großstädti-
schen Vergnügungen zu stürzen, um mich zu zerstreuen.
Vergeblich! Die Weiblichkeit auf den Redouten und auf
dem 'Bal paré' - was sind wir Deutschen doch für
Affen! - scheint nicht die richtige Medizin für mich
zu sein. Man kann sich im dichtesten Menschengewühl
einsam fühlen. Immerhin ist mir der Kontrast der
fröhlichen, liebesseligen Menge zu der Leere in
meinem Innern eine Art selbstquälerischer
Befriedigung.

 Ich habe beschlossen, zu längerem Aufenthalt nach
Paris zu gehen. Für meine Kunst ist's vielleicht
förderlich, für mein Gemüt nicht minder.

Paris:

Ich arbeite im Atelier von Henri Matisse, werde mich
 jedoch hüten, Nachahmer zu werden. Ich will nur andere
Anschauungen kennenlernen und die Gelegenheit
benützen, nach guten Modellen Studien zu machen.

Die Signatur von Paris ist Weiträumigkeit. Für den
Körper hat das etwas Ermüdendes, für den Geist
dagegen bedeutet es Befreiung von einengenden
Schranken. Man sollte meinen, daß das Bestreben, beim
Bau einer Stadt den Bauwerken keinerlei beengende
Funktionen zu gestatten, auch auf eine hohe Stufe
edler Geistesfreiheit der Erbauergeneration schließen
lasse, und daß enge Geister, wenn sie lang in einer
solchen Stadt leben, sich weiten müßten. Das scheint
mir jedoch bei den Franzosen nur teilweise
zuzutreffen. Sollte also die Weiträumigkeit
vielleicht auch nichts als Geste, hohles Pathos, sein?

"L'art pour l'art", auch so ein dummes Schlagwort, bei
dem sich jedermann denken kann, was er mag. Jeder gebraucht's in seinem Sinn, und jeder legt sich's anders
aus. Sagen wir: schaffen um des Schaffens willen, so
laß ich's gelten, nur sollten wir dabei nicht ganz
vergessen, für wen wir schaffen, nämlich für unsere
Mitmenschen und zukünftige Menschheit, sonst ist's
schließlich nichts als schnöder Egoismus oder noch
schnöderer Händlergeist. Der Beruf des Künstlers ist
ein priesterlicher, so, wie es auch der des Arztes
sein sollte und auch früher war. Käme Christus wieder,
er hätte noch sehr viele Händler aus dem Tempel zu
treiben.

Zu sagen muß der Künstler etwas haben mit seinen
Farben und Formen, sonst schweigt er besser. Kann er
seinem Bildmaterial nicht Leben einhauchen, so ist er
ein Handwerker, weiter nichts. Nur keine
Stoffimitation, nur nicht lediglich den äußeren Schein
der Dinge wiedergeben! Ihre Seele muß sich im

Bildwerk auswirken; auch die scheinbar toten Dinge haben eine Seele. Einer hat das erkannt: Van Gogh. Seine Nachahmer aber soll der Teufel holen!

Wer das Grauen vor den Weibern noch nicht kennt, hier kann er's lernen, und den Ekel vor den Männern dazu.

Der extreme Impressionismus ist die Kunst der materialistischen Kultur unseres Zeitalters der Entseelung. Er wird mit ihr zusammen absterben oder sich wandeln. In seiner konsequentesten Ausprägung ist er ein Kind des Pariser Bodens mit allen Merkmalen der Äußerlichkeit dieser Gewächse: Schminke statt lebendigen Fleisches, augenwischerische Toilettierung, in der kein Körper und kein Knochengerüst steckt. Bei uns ist er immer nur Import, Treibhauspflanze geblieben; er paßt nicht zum germanischen Wesen.

Nun ist es eines der vielen Rätsel, die uns Frankreich aufgibt, daß in letzter Zeit gerade auf demselben Boden das krasseste Gegenteil des Impressionismus ins Kraut schießt, nämlich ein ganz ausgefallener Expressionismus. Der Franzose liebt das Übertriebene, er bewegt sich immer auf der Peripherie.

Es will mir scheinen, als werde bald die Grimasse die herrschende Mode in der Kunst werden. Die guten Deutschen werden natürlich auch darauf hereinfallen. Der Kino-Gespensterspuk ist nicht ganz unschuldig an dieser Entwicklung der Kunst.

Der Grund, warum man überhaupt von Kunstmode sprechen muß, ist der, daß es viel zu viel sogenannte

Künstler gibt, die nun, um nicht von der Masse erstickt
zu werden, danach streben, durch
Außergewöhnliches, möglichst Neuartiges aufzufallen,
statt einfach ehrlich nach Vervollkommnung ihres
Könnens. Schlimm!

Einen wirklich ganz großen Musiker, etwa vom Format
Beethovens, hat Frankreich nicht hervorgebracht, auch
keinen Dichter, der unseren Größten und Shakespeare,
Byron, Dante oder Tasso das Wasser reichen könnte. Nur
große Maler. Das gibt zu denken. Ich will nicht
behaupten, daß die bildende Kunst also minderwertig
sei, weil eine Nation eher Maler als Komponisten und
Dichter zu erzeugen imstande sei, der Grund muß meiner
Meinung nach darin gesucht werden, daß den Franzosen
eben die mehr sinnliche, um nicht zu sagen
materialistische Kunstgattung besser liegt.
Parallelerscheinung: niemals hat ein Weib auf dem
Gebiet der musikalischen Komposition nennenswertes
geleistet.

Immer wieder zieht's mich nach Notre-Dame und in die
entzückende St. Chapelle im Hof des Palais de Justice.
Es gibt keine elegantere Gotik als die der Chapelle.
Hier hat man die vollendetste Entmaterialisierung des
Steinbaus, die radikalste Auflösung des Mauerwerks vor
Augen. Das ist wahrhaft Vergeistigung der Materie,
Also unfranzösisch? In gewissem Sinn sicherlich! Die
Geburtshelfer der Gotik gehörten eben einer Zeit an,
in der das Gemisch, das sich heute Französische Nation
nennt, noch nicht verquirlt war. Franzosen im heutigen
Sinne waren die Meister dieser überirdischen Kunst
sicher nicht.

Die Teufelsfratzen von Notre-Dame sollte Paris im
Wappen führen.

Michelangelos Sklaven im Louvre verhalten sich zur
modernen französischen Plastik wie die Spannung eines
gewitterschwülen Tages zum darauffolgenden Blitz und
Donner, d.h. zur Entladung. Beim aufziehenden Gewitter
drückt ein Bangen auf alle Kreatur, tobt aber dann das
Gewitter, so weiß man, daß es bald vorbei sein wird.

Den Rodin mag ich nicht. Seine Werke sind, bei all
ihrer Größe, die Verkörperung des widerspruchsvollen
Naturells der Franzosen. Impressionismus ist in der
Plastik ein Unsinn. Alle Innensilhouetten sind teigig
verschwommen, der Außenumriß jedoch läßt sich nicht
impressionistisch auflösen, er bleibt als etwas scharf
Umrissenes bestehen, das sich immer gegen die
Umgebung linear abheben muß. Die impressionistische
Plastik stellt also einen unerträglichen, unlösbaren
Kontrast dar.

Pathos und Gesten, nichts als Gesten! Gesten, in Stein
gehauen und in Erz gegossen (Arc de Triomphe!),
Gesten, in Farben sich auslebend, Gesten, in Worte
sich kleidend, das ist zu einem großen Teil die
Kunst der letzten Jahrzehnte hierzulande.

Wer den Wald von Fontainebleau nicht gesehen hat, der
kennt den Begriff 'Wald' noch nicht ganz. Indes, ich
kann ihn mir nicht mit Märchengestalten bevölkern, so
wie unsere lauschigen Wälder, sondern nur mit
grausigem Spuk von Riesen und Dämonen. Heiteres,

sonniges Wetter paßt nicht so ganz dazu, vielmehr nur
Gewittersturm, der die alten Eichen zaust.

Paris kommt mir wie eine Eiterbeule vor, die eines
Tages wieder aufbrechen wird. Einmal ist sie schon
aufgebrochen: zur Zeit der großen Revolution.
Deutschland ist damals bedenklich mit infiziert
worden. Der große Arzt Napoleon hat die Krankheit
geheilt. 1870/71 war eine verhältnismäßig kleine
Nacheiterung. Die nächste könnte gefährlicher werden.
Seien wir auf der Hut!

Wenn ich über den Platz schreite, auf dem so viel Blut
sinnlos und verbrecherisch vergossen worden ist, überkommt mich immer ein unsagbares Grausen. Ich sehe
Gespenster, die von diesem geschändeten Fleck Erde aus
racheheischend die ganze Menschheit bedrohen.

Seit einiger Zeit ist mir nicht mehr recht wohl in
Frankreich. Es überkommt mich zeitweise ein ähnlich
unheimliches Gefühl, wie ich es manchmal als Kind
hatte, wenn ich in einem dunklen Zimmer allein war.
Der Blutgeruch, der allen Stätten anhaftet, an denen
sich sogenannte Weltgeschichte abgespielt hat, ist
hier besonders widerlich. Ich will bald abreisen.

München:

Wieder in der Heimat! Ich bin in manchem ein anderer
geworden. Meine sterbliche Hülle muß sich wieder
einmal erneuert haben.

80

Was ich Paris verdanke, ist dies, daß Schranken gefallen sind, die mich eingeengt hatten. Mir war dort, als sei ich aus einem Dorfkirchlein in einen großen, hohen Dom gekommen. Mein Wesen hat sich geweitet.

Nun heißt's, alles, was ich in Paris gesehen habe, vergessen. Nur die Auswirkung darf bleiben, die größeren Ausmaße. Das aber, was sie bewirkt hat, muß verschwinden. Ich muß bodenständig germanisch bleiben.
Ich habe in letzter Zeit eine nette, kleine Episode erlebt, die ich, mit ihrer Vorgeschichte zusammengefaßt, aufzeichnen will.

Während des Karnevals im Januar dieses Jahres, als ich versuchte, meine Gedanken von dem traurigen Erlebnis abzulenken, fiel mir auf einer Redoute ein roter Domino durch die schlanke, graziöse Figur auf. Ich sprach das junge Ding an, und wir tanzten einige Male zusammen, obwohl ich eigentlich nur als Zuschauer gekommen war, aber ich ließ mich durch ihre Bitten zum Tanzen verleiten. Die Art, wie sich das Mädchen gab und wie es plauderte, ließ nicht eben auf Herkunft aus sehr gebildeten Kreisen schließen, doch hatte seine naive Treuherzigkeit etwas Sympathisches. Die Sprache war richtiger Münchener Dialekt, doch nicht jener des gemeinen Vorstadtvolkes. Nach dem Tanz blieb die Kleine an meinem Arm hängen, und da erzählte sie mir, daß sie Änni heiße, neunzehn Jahre alt und die Tochter eines Anwaltsschreibers sei. Der Vater und die Mutter seien auf den Stenographenball gegangen, da habe sie sich zu einer Freundin geschlichen, dort den

gepumpten Domino angelegt, und so sei sie mit dieser
Freundin hierher auf die Redoute gekommen, was schon
längst ihr sehnlichster Wunsch gewesen sei, denn sie
tanze so schrecklich gern. Nachdem ich noch einen
Walzer mit Änni getanzt hatte, versuchte ich, sie
abzustreifen. Ich sagte ihr, ich müsse unbedingt
fort, da ich noch eine Verabredung hätte, und ermahnte
sie, schön brav mit ihrer Freundin nach Hause zu
gehen. Sie war darüber sehr betrübt und drang in mich,
ihr zu versprechen, daß ich am nächsten Samstag
wieder auf die Redoute kommen würde.

Ich ließ mich beschwätzen und willigte ein.
Das Mädchen war darob sehr erfreut.
Sie sagte, sie werde es schon fertigbringen, unter
irgendeinem Vorwand von zu Hause fort und hierher zu
kommen, und ich müsse dann recht viel mit ihr tanzen.

Am nächsten Samstag kam ich, da ich aufgehalten
worden war, erst sehr spät auf die Redoute. Ich hatte
kaum den Saal betreten, da kam Änni schon auf mich
zu gehüpft und machte mir Vorwürfe, daß ich jetzt erst
gekommen sei; sie hätte schon lang nach mir
gesucht und sei ganz traurig gewesen, weil sie
geglaubt habe, ich käme überhaupt nicht. Bald merkte
ich, daß das Mädchen herausgebracht hatte, wer ich
sei, und daß sie sogar mein Atelier wußte. Wir
tanzten zusammen, und dann lud ich Änni zu einem
kleinen Imbiß ein und gab ihr ein paar Gläser Sekt,
den sie mit Wonne schlürfte. Als ich dann mit ihr
durch die Foyerräume ging, zog sie mich in einen
abgelegenen Winkel, fiel mir um den Hals und gab mir
einen herzhaften Kuß.

In vorgerückter Stunde sagte ich Änni, ich wolle sie nun nach Hause bringen. Sie ging mit mir zur Garderobe, und als wir auf die Straße traten und ich mich nach einem Wagen umsah, sagte sie, sie wolle noch nicht nach Hause, ich solle sie doch lieber mit in mein Atelier nehmen, sie möchte so gern meine Bilder sehen. Ich lehnte das rundweg ab, ermahnte Änni, vernünftig zu sein und jetzt zu ihren Eltern nach Hause zu gehen, und verpackte sie in den Wagen. Auf der Fahrt war sie noch sehr zärtlich, nachdem sie ihr Visier abgenommen hatte, wobei ich im Dämmerlicht bemerkte, daß sie nichts weniger als häßlich sei. Als ich ihr die Haustür aufgeschlossen hatte, zog sie mich ins Stiegenhaus, umhalste mich nochmals und bedeckte mich mit Küssen. Nachdem ich mich endlich losgerissen hatte, sah ich, daß ihr die Tränen in den Augen standen, was ich dem Umstand zuschrieb, daß ich ihr gesagt hatte, ich müsse demnächst verreisen und könne also nicht mehr auf die Redoute kommen.

Ich hatte das kleine Abenteuer schon fast vergessen, da brauchte ich vor etwa vier Wochen ein weibliches Aktmodell. Ich ließ eine entsprechende Annonce in die Zeitung einrücken, ohne meinen Namen, aber mit Angabe des Ateliers. Tags darauf klopfte es, und ein hübsches junges Mädchen stand draußen und frug, ob hier das Modell gesucht werde. Die schlanke Figur entsprach meinem Zweck über alle Erwartung gut, so behielt ich das Mädchen da und begann gleich mit der Arbeit. Nach einer Stunde machte ich Schluß, sagte, sie solle morgen um die gleiche Zeit wiederkommen, und legte das üblich Modellgeld auf den Tisch. Groß

war mein Erstaunen, als das Mädchen rundweg die
Annahme verweigerte mit der Bemerkung, sie nehme
unter keiner Bedingung etwas an, sie sei kein
Berufsmodell, das sich jedem sehen lasse, und auch gar
nicht aufs Geld angewiesen, denn sie habe sich in
ihrer bisherigen Stellung genug verdient. Als ich nun
frug, was in aller Welt sie dann aber veranlaßt habe, zu
mir zu kommen, lachte sie hell auf und sagte: "Das tue
ich doch nur Ihnen zulieb.

Kennen Sie mich denn nicht mehr? Ich bin doch die
Änni, mit der sie im Winter so oft getanzt haben". Gleich
hing sie wieder an meinem Hals und preßte ihre Lippen
auf die meinigen.

Auf die erstaunte Frage, wie sie denn jetzt auf mich
verfallen sein, erzählte mir Änni, sie hätte meine Annonce in der Zeitung gelesen, das Atelier wisse sie ja
schon lange, und da sie von einem anderen Maler, den
sie kenne, gehört habe, daß ich immer so allein und so
traurig sei, so sei sie gekommen und wolle mich
recht, recht glücklich machen. Sie küßte mich wieder
und wieder und, kurzum, ich verlebte einige Wochen
hindurch täglich die Abendstunden mit dem lieben,
munteren Ding und fertigte dabei meinen Studien zu dem
Bild. Zum Asketen bin ich nicht geschaffen.

Als ich mein Bild fertig hatte, frug ich Änni, ob sie
denn in Zukunft auch noch manchmal kommen werde.
Sie schüttelte das Köpfchen und blickte zu Boden.
"Aber warum denn nicht?" frug ich, da sagte sie: "Ich
kann jetzt nicht mehr zu dir kommen, denn morgen
heirate ich." Ich lachte und meinte, sie solle keinen

dummen Scherze machen und mich nicht zum Besten halten, sie aber versicherte mir, es sei ihr voller Ernst, morgen mache sie tatsächlich Hochzeit. Ein Stiefonkel, in den Fünfzigerjahren stehend, der Witwer sei und zwei schöne Häuser und ein gutgehendes Geschäft besitze, hätte sie schon lange zur Frau haben wollen, damit sie ihm die Wirtschaft führe und im Geschäft nach dem Rechten sehe, und da sich ihr eine so gute Versorgungsmöglichkeit wohl nie wieder bieten werde, habe sie dem Drängen der Eltern nachgegeben und lasse sich morgen mit dem Onkel trauen. Ihrem Mann werde sie dann unbedingt treu bleiben, meinte sie, vorher aber hätte sie noch was vom Leben haben wollen und auch ich vorgenommen, mir recht viel Freude zu bereiten.

So schieden wir, indem ich sie zum Abschied auf die Stirn küßte. Ich mußte an die Priesterinnen der Liebe denken, die sich in den Tempeln des Fernen Ostens den Männern weihen. Möge Änni das Glück finden, das sie sich erhofft!

Mit dem Bild, zu dem mir Änni Modell gestanden ist, einer Diana mit Nymphen, habe ich Glück gehabt. Eine Galerie hat es erworben. Als Andenken habe ich mir vorher die Hauptfigur herauskopiert. Hoffentlich kommt Ännis Gatte niemals nach hier, ich glaube zwar kaum, daß er Interesse für Galerien hat. Im Kaufvertrag habe ich mir ausbedungen, daß das Bild nicht reproduziert werden darf.

Ich will die Woche von Weihnachten bis Neujahr in den

Bergen   verbringen. Die Wintersonne auf dem
Firnschnee soll mir die trüben Gedanken verscheuchen
helfen. Auf den Skiern will ich über die Schneehalden
dahinsausen und im eisigen Wind die Nerven stärken zu
neuem Schaffen.

Mein Christbaum wird diesmal im Freien stehen,
Rauhreif wird ihn zieren, und das Mondlicht muß die
Kerzen ersetzen. Ob ein Engel darüber schwebt?

In dem kleinen Restaurant, in dem ich zu speisen
pflege, saß heute mittag eine auffallend hübsche,
elegante Dame, Ende der Zwanzigerjahre stehend, an
meinem Tisch. Wir kamen ins Gespräch, in dessen
Verlauf sie mir sagte, sie kenne mich bereits vom
Sehen her, eine Bekannte hätte mich ihr einmal
gezeigt, als ich im Theater in einer benachbarten Loge
saß, und einige meiner Bilder habe sie auch öfters auf
Ausstellungen bewundert, und sie freue sich, mich nun
persönlich kennenzulernen.

Wir sprachen dann über Kunst, wobei sie sich als gut
orientiert über die hiesigen Maler, ihr Schaffen und
über die Kunst überhaupt erwies. Im weiteren Verlauf
des Gespräches bemerkte sie, sie möchte so gern einmal
ein großes Porträt von sich malen lassen, ob ich einen
Auftrag hierzu übernehmen wolle. Ich erklärte, ich
täte das eigentlich grundsätzlich nicht, und legte
meine Gründe hierfür dar. Sie bedauerte das sehr.
Alsbald reute mich jedoch meine Ablehnung, denn das
sehr ausdrucksvolle, schöne Gesicht mit einem Paar
glühender, dunkler Augen, fing an, mich lebhaft zu
interessieren. Ich schlug daher der Dame vor, einen

Versuch könnte ich schließlich doch einmal machen, wenn sie mir dazu sitzen wolle, sie müsse mir indessen gestatten, falls das fertige Bild mir nicht entsprechen sollte, es zu vernichten oder zurückzubehalten, andernfalls, d.h. wenn mir die Sache nach Wunsch gelingen sollte, könne sie das Porträt erwerben. Ein nicht völlig geglücktes Werk will ich um keinen Preis aus der Hand geben. Ich habe mir also ausbedungen, daß die Sache zunächst nicht als Porträtierungsauftrag angesehen werde, daß vielmehr keiner der beiden Teile gebunden sein sollte. Damit war sie einverstanden und schien sehr erfreut. Sie teilte mir nun ihren Namen Guter mit, sagte, sie sei Witwe und wohne auf dem Gut ihres Gatten in der Nähe von Rosenheim; allwöchentlich komme sie auf ein bis zwei Tage in die Stadt, da könne sie dann immer ein paar Stunden erübrigen, um mir zu sitzen.

Wir verabredeten die erste Sitzung auf heute über acht Tage. Ich freue mich auf die Arbeit, die mir nicht ohne Reiz zu sein scheint. Ich will die ganze Figur in Lebensgröße malen.

Heute kam ein Paket nebst Brief aus Rosenheim von der schönen Witwe. Sie schreibt, sie sende mir das beifolgende Reitkleid, wenn ich damit einverstanden sei, wolle sie in diesem Kostüm gemalt werden. Es ist eine gute Idee.

Die Witwe kam pünktlich zur festgesetzten Stunde, kleidete sich in meinem Schlafzimmer um und erschien dann im langen, dunklen Reitkleid, worin sie eine prachtvolle Figur macht. Statt des leider fast

allgemein üblichen Reitzylinders trägt sie einen
allerliebsten, kleinen Dreispitz. Sie stimmt mit mir
in der Ansicht überein, daß der Zylinder eine
englische Geschmacksverirrung sei, die auch das
hübscheste Gesicht verunstalte.

Wir probten die Stellung, und ich zeichnete zunächst
einige flüchtige Skizzen. Die Arbeit ist um so
anregender, als ich mich dabei mit der Dame
vorzüglich unterhalte. Sie besitzt eine gute
Bildung, ist sehr belesen und hat Geist und viel
Verständnis für die Kunst.

Meine künstlerische Aufgabe hat sich beim Skizzieren
wegen des Faltenwurfs des langen Reitkleids als
schwieriger erwiesen als ich dachte. Ich muß die
Sache erst gründlich zeichnerisch anpacken, ehe ich
ans Malen gehe, muß mehrere Studien machen. Frau
Guter sagte, ich solle mich nur ja nicht übereilen, es
käme ihr auf ein paar Sitzungen mehr nicht an, auch mit
der Fertigstellung des Bildes hätte es keine Eile, sie
brauche es eigentlich erst für Weihnachten.
Frau Guter kam gestern zur zweiten Sitzung. Ich hatte
die Leinwand schon vorbereitet und die Zeichnung
darauf nach den Studien flüchtig mit Kohle entworfen.
Als ich mich mit dem Kleid immer noch herumplagte,
äußerte ich, es sei ein ungemein schwieriges Problem,
Kleid und Körper in Einklang miteinander zu bringen,
es passiere so manchem sonst ganz tüchtigen
Künstler, daß er ein Kleid ohne einen Körper darin
male, die alten Meister hätten daher gut daran getan,
oft zuerst ihre Figuren als Akte zu entwerfen, und
dann erst die Gewandung darüber zu malen.

"Warum machen Sie's nicht auch so?" sagte Frau Guter
Ich lächelte und erwiderte: "Ja, gnädige Frau, es gibt
eben Fälle, in denen das nicht geht."

"Meinen Sie?" gab sie zur Antwort, "warten Sie ein wenig, vielleicht kann Ihnen geholfen werden." Damit
stand sie auf, verschwand in mein Schlafzimmer, und
nach einigen Minuten steckte sie den Kopf zur
Türspalte heraus und frug: "Ihre Ateliertüre ist doch
zugeschlossen?" Kaum hatte ich dies bejaht, da
erschien sie in paradiesischer Nacktheit und nahm
ruhig ihre Stellung wieder ein, indem sie lachend
sagte: "Sind Sie nun zufrieden?"

Ich war vor Staunen und Bewunderung des herrlichen,
klassisch gebauten Körpers zunächst so verwirrt, daß
ich nicht gleich weiterarbeiten konnte.

"Sie sind doch an Akte gewöhnt", meinte sie, "und ich
bin der Ansicht, daß man sich, sofern man nicht
häßlich gewachsen ist, vor einem Künstler nicht zu
genieren braucht."

Ich ging mit Feuereifer ans Werk. Selten noch hatte
ich ein Modell mit so ausdrucksfähigem Körper und von
so edlem Wuchs.

 "Ich glaube," versicherte ich der Dame, "es wird mich
Überwindung kosten, die Figur anzuziehen, wenn sie als
Akt fertig gezeichnet ist."

"So machen Sie es doch wie Ihr Kollege Goya, und
malen zwei Bilder, eine angezogene und eine nackte
Maja, dieser können Sie ja einen anderen Kopf
aufsetzen, denn ausgestellt möchte ich als Maja nicht
werden, der Bekannten wegen."

"Am liebsten hundert!" antwortete ich, wischte die
Kleiderkonturen weg und begann, den Akt als solchen
zu entwerfen, nachdem ich mein schönes Modell
entsprechend gestellt hatte.
Wir schieden erst am heutigen Morgen. Beim Abschied
legte die Witwe den Finger auf den Mund und flüsterte:
"Diskretion!"

Eben erhielt ich ein Billett, worin mir meine Maja
mitteilt, sie könne erst in vierzehn Tagen
wiederkommen. Schade!

Endlich Fortsetzung der Arbeit.

Meine Schöne erzählte mir, sie wolle abends in die
Oper gehen. Ich frug, ob ich sie nicht begleiten
dürfe; sie sagte, sie möchte sich dem Gerede der
Leute nicht aussetzen, sie hätte so viele Bekannte
in der Stadt, wenn wir zusammen gesehen würden, so sei
das Gerücht rasch fertig. Ich finde das übertriebene
Ängstlichkeit und sagte, ob ich denn eine gar so
kompromittierende Persönlichkeit sei, worauf sie mir
nur mit einem Kuß den Mund verschloß.

Nach Schluß des Theaters kam sie zu mir. Wenn sie ihr
prachtvolles schwarzes Haar löst, umwarb es sie wie
ein Mantel.

Ich arbeite gleichzeitig an dem Porträt im Reitkleid
und an dem Aktbild, das eine Eva mit dem Apfel werden
soll. Werde ich einen dieses Körpers würdigen Kopf
finden?

Die Witwe ist diesmal für mehrere Tage hier. Die
Arbeit kommt dadurch rascher vom Fleck. Mit dem
Porträt bin ich so weit, daß ich das Modell dazu nicht
mehr viel brauche. Das Reitkleid male ich dann über
den Entwurf des Körpers, wozu der Faltenwurf über
einer Modellpuppe angeordnet genügt. Die Tage, da
meine Maja anwesend ist, werde ich also mehr für die
Eva ausnützen.

Ich habe noch ein drittes Bild angefangen, einen
liegenden Akt in kleinerem Format. Die Gelegenheit,
nach einem solch einem wunderbaren Modell arbeiten
zu können, muß ausgenutzt werden. Die Witwe wird
noch oft kommen müssen.

Allmählich kommt mir die Sache geheimnisvoll vor.
Meine Maja ist nicht dazu zu bringen, mit mir irgendwo
hinzugehen, es ist sogar nicht recht, wenn ich sie
in die Stadt begleite. Sie streift mich dann stets
alsbald unter einem offensichtlichen Vorwand ab. Sie
hat mir auch verboten, ihr allenfalls Nachricht mit
der Post an ihre Adresse auf dem Land zu geben. In dem
Hotel, in dem sie hier zu wohnen pflegt, darf ich sie
auch nicht aufsuchen.

Das Porträt ist fertig, desgleichen die Eva, bis auf den Kopf, den ich nur untermalt habe; nur der liegende Akt ist noch unvollendet. Ausnahmsweise befriedigen mich die Bilder über die Maßen. Es scheint, es ist gut, wenn Venus bei der Kunst mit im Spiel ist.

Wir sprachen heute über die Abnahme des Bildnisses. Ich werde auf keinen Fall eine Bezahlung annehmen, das ist ganz selbstverständlich. Ich sagte meiner Maja, ich sei reichlich dadurch für meine Mühe belohnt, daß ich die Eva und das andere Aktbild hätte malen dürfen, und bat, sie möchte das Porträt als Geschenk von mir und als Andenken an schöne Stunden annehmen. Sie will das absolut nicht. Wir hatten darüber einen freundschaftlichen Streit, den sie durch Zärtlichkeiten beendete, indem sie mich ein Närrchen nannte.

Wenn wir uns nicht einigen können, so werde ich der Witwe vorschlagen, den Kaufpreis dem Künstlerunterstützungsverein für das Grasmaier-Haus in Weidach zu stiften.

Wie wird das Verhältnis in Zukunft weitergehen?

Schöne Geschichte! Kallmann, der heute das Porträt der Witwe bei mir sah, sagte sofort: "Ah, das ist ja die schöne Frau Guter. "Kennst du sie?" frug ich. "Gewiß," gab er zur Antwort, "ich war im vorigen Jahr während der Manöver mehrere Tage bei den Leuten auf ihrem Gut bei Rosenheim einquartiert. Sie ist eine sehr liebenswürdige, gescheite Dame, und auch ihr Gatte ist ein recht netter, gemütlicher Gesellschafter, nur nicht so fein wie sie, ich möchte fast sagen, er hat einen Stich ins Bäuerische, er paßt nicht so ganz zu seiner Frau, auch dem Alter nach nicht."

"So ist er noch nicht lange tot?" frug ich. "Tot? Keine Spur, er lebt doch noch." "Ich glaube, du irrst dich Frau Guter ist ja noch Witwe." "Nein, da irrst du dich, ich sprach ja Herrn Guter erst vor wenigen Wochen bei den Rennen, bei denen die Pferde aus seinem berühmten Rennstall laufen." "Dann sind sie vielleicht geschieden?" "Das ist auch nicht der Fall; am letzten Renntag im Juni sah ich das Ehepaar noch sehr friedfertig zusammen im Wagen fahren. Wie kommst du denn auf diese Idee?"

Ich hatte genug Geistesgegenwart, in gleichgültigem Ton zu sagen: "So, so, ich dachte nur, weil ich sie immer allein gesehen habe und weil sie während der Sitzungen niemals von ihrem Mann gesprochen hat", dann lenkte ich das Gespräch auf andere Dinge.

Ich werde Frau Guter einen Brief in ihr Hotel senden, in dem ich ihr mitteile, daß ich alles weiß und daß ich infolgedessen bedauere, ihr das Porträt nicht mehr zur Verfügung stellen zu können. Sie wäre imstande, es ihrem Mann zu Weihnachten als symbolisches Hirschgeweih zu schenken. Schade, daß der liegende Akt nun wohl unvollendet bleiben muß.

Kallmann muß ich aber doch unbedingt noch ins Vertrauen ziehen, damit er sich nicht am Ende verschnappt, falls er wieder einmal Herrn Guter trifft,

und da möglicherweise von dem Porträt zu reden
anfängt. Er hat mir am Schluß unserer Unterredung noch
erzählt, Frau Guter stamme aus einer adeligen Familie
und sei bis zu ihrer Verheiratung eine vielgefeierte
Schulreiterin im Zirkus Renz gewesen.

Ich habe meine Maja nicht wiedergesehen, auch keine
Antwort auf meinen Brief bekommen.

Für die Eva fand ich ein sehr schönes Kopfmodell. So
kann ich wenigstens dieses Bild vollenden und ausstellen. Das Porträt wandert in die Rumpelkammer für die
Nachlaßauktion.

Anmerkungen

Während der Jahre 1911 und 1912 war mein
verstorbener Freund viel auf weiten Reisen im Ausland,
außerdem ist die Zeit seiner höchsten künstlerischen
Produktivität und Reife. Einige seiner bedeutendsten
Werke, durch die er sich einen Namen gemacht hat,
sind während dieses Zeitraums entstanden. Im Jahr 1912
hat ihn ein Staatsauftrag, Fresken für das Treppenhaus
eines öffentlichen Gebäudes in einer
mitteldeutschen Hauptstadt zu malen, beschäftigt. Damit
ist ihm einer seiner sehnlichsten Wünsche in
Erfüllung gegangen; er hat oft davon gesprochen, wie
sehr es ihn danach verlange, Wände mit Farben
bedecken zu dürfen, statt immer nur Tafelbilder zu
malen.

Bei solch starker Inanspruchnahme seiner Schaffenskraft fand er wohl keine Muße zur Weiterführung seines Tagebuchs, oder aber es sind Teile davon verlorengegangen. Erst vom Herbst 1912 ab beginnen wieder die vorgefundenen Aufzeichnungen.

Aus der Zwischenzeit fand ich nur ein paar undatierte Zettel mit kleinen Notizen über allgemeine Kunstfragen, von denen ich einige wenige hier einfügen will.

Sooft die Zeit der großen Sommerausstellung da ist und ich die weiten Hallen des Glaspalasts betrete, befällt mich ein Alpdruck, eine Art von Schwindelgefühl. Es ist mir ein Rätsel, wo diese alljährlich produzierte ungeheure Menge von Tafelbildern hinkommen soll. Wenn man eine Statistik darüber aufstellen könnte, wie viele Gemälde durchschnittlich Jahr für Jahr entstehen, und wie wenige im Verhältnis dazu zugrunde gehen, so würde man auf einen ganz ungeheuren Geburtenüberschuß kommen. Die Welt muß sich also allmählich immer mehr mit Tafelbildern vollsaugen. Kommt da nicht einmal die Zeit, wo sie satt ist, nichts mehr aufnehmen kann? Was dann? In den Wohnungen des Durchschnitts der Mitmenschen ist wohl kaum mehr genügend Platz, unbegrenzte Bildermengen aufzunehmen, und die Bestände der Galerien können auch nicht endlos vermehrt werden. Wohl lagert viel Bildermaterial bei den Händlern, aber deren Magazine sind doch nur Durchgangsstationen, deren Bestände vom Verhältnis der Nachfrage zum Angebot abhängig sind.

Solche Erwägungen führen mich zu der Vermutung, daß die Tafelmalerei heutzutage einen viel zu großen Raum einnimmt. Viele Jahrhunderte vor der Renaissance sind ohne sie ausgekommen, oder haben sich vorwiegend auf Altarbilder beschränkt. Fresco und Miniaturmalereien waren ehedem die vorherrschenden Gemäldegattungen.

Es ist entschieden eine Verirrung, wenn die Künstler immerfort Mengen von Wandschmuckbildern malen. Ist es nicht abstumpfend, jahrzehntelang täglich und stündlich immer die gleichen Bilder an seinen Wänden zu sehen? Schaut man sie denn da überhaupt noch an? Sie werden doch mit der Zeit lediglich zu dekorativen Farbflecken für die Wohnung; ist das aber der Weisheit letzter Schluß? Wieviel feinsinniger verfährt der Japaner, der seine Bildrollen in einem Kasten aufbewahrt und nur von Zeit zu Zeit eine davon für eine kurze Weile an die Wand hängt, oder seinen Kunstbesitz in einer stillen, weihevollen Stunde, einem Freund vorführt, um die Gemälde alsdann wieder sorglich zu verwahren.

Und ich, ich helfe mit, diese Überproduktion noch zu steigern! Ich will mich ernstlich nach anderen künstlerischen Aufgaben umsehen. Würden mir doch Wände für Fresken geboten! Sie sind in unserer Zeit leider so selten geworden. An Außenmauern duldet unser Klima überhaupt keine Fresken.

Auch auf das vielseitige und dankbare Gebiet der graphischen Künste weisen mich meine Erwägungen hin. Ich will mich ihm sehr widmen.

Ein Bildwerk ist nur dann ein wirkliches Kunstwerk, wenn wir durch es den Eindruck des Belebtseins empfangen, wie ihn die natürlichen Dinge machen. Das gilt nicht nur von der Darstellung des Menschen und der Tiere, sondern ebensogut von der Landschaft und sogar von den scheinbar leblosen Dingen, deren bildliche Wiedergabe wir mit einem sehr bezeichnenden Wort, mit Stilleben bezeichnen, denn auch Blumen und Gegenstände aller Art sind von verborgenem, latentem Leben erfüllt. Lebendig wirkt aber im Bild nur, was eine Bildfunktion ausübt, nicht dagegen, was lediglich oberflächliche Materialwirkung vortäuscht, oder nur deshalb ins Bild aufgenommen wird, weil es in der Natur zufällig da ist. Funktionslose Bildteile sind tote Stellen in der Bildfläche, die den gesamten Bildeindruck stören. Die Bildteile müssen zu einem sinnvollen Organismus durch Ähnlichkeits- und Grenzbeziehungen in den Teilformen und den Farben miteinander verknüpft sein, das ist ihre Bildfunktion, nicht aber durch nur vom Zufall abhängige Reihung. Es ist dies etwa so ähnlich, wie in einer Fuge ein Thema rhythmisch abgewandelt wird und variiert immer wiederkehrt. Rhythmus und Harmonie sind, genau wie in der Musik, auch in der bildenden Kunst die Lebensfunktionen des Werkes, nur sind sie hier an Naturerscheinungen gebunden.

Man darf das nicht ästhetische Forderung nennen, über
die man verschiedener Meinung sein kann, sie haben
nichts mit 'Schönheit' zu tun, sondern sind die
grundlegenden Prinzipien des künstlerischen Bildens
überhaupt.

Zeichnung, Zeichnung ist alles! Jeder wirklich ganz
große Künstler war ein Meister der Zeichnung, Dürer
und   Michelangelo   waren   die   unübertroffen
meisterhaftesten, und gerade darum die gewaltigsten
Genies, nicht allein deswegen, weil sie auch Ideen zu
gestalten   wußten. Michelangelos Figuren an der
Sixtinischen Decke tragen unverkennbar das Gepräge der
Zeichnung eines Plastikers, ich möchte sie fast
Bildhauerarbeiten nennen, Dürers Zeichnungen dagegen,
Stiche und Holzschnitte natürlich mit inbegriffen,
sind malerisch gesehene Zeichnungen.
Ohne zeichnerische Grundlage keine wahrhaft
bedeutende Kunst.

Ober-Immlingen:

Die Stadt ist mir wieder einmal zu eng geworden. Es
trieb mich hinaus in die Winterlandschaft, Körper und
Seele in der Höhenluft zu erfrischen. Auf den Bergen
will ich dem Skisport huldigen; vielleicht bringe
ich auch ein paar Winterlandschafts-Studien mit nach
Hause.

Mein Kollege Kurt Rabe ist auch da, mit ihm zwei junge
Damen, Schwestern zu der älteren scheint er
zarte Beziehungen zu unterhalten. Die jüngere,
Johanna, Hanni genannt, ist eine schlanke, zierliche
Brünette, an einem Bankinstitut in München angestellt,
ein munteres Ding. Sie ist eine ausgezeichnete
Skiläuferin.

Wir sitzen des abends in der wohlgeheizten, traulichen
Wirtsstube beisammen; Kurt spielt auf der Gitarre
und singt lustige Lieder dazu. Man fühlt sich so frei
da heraußen in der klaren Schneeluft. Aller
städtischer Zwang und gesellschaftlicher Firlefanz ist
abgestreift; hier gilt nur Natur. Auch für Grillen ist
das klein Klima.

Die kleine Hanni versteht recht unterhaltend zu plaudern. Den Geist braucht man dabei nicht gerade zu
strapazieren. Macht nichts, er braucht auch zuweilen
Urlaubsruhe.

Ich will gleich auch meine, oft vielleicht zu
hochfliegende, künstlerische Phantasie mit auf
Urlaub schicken und brave, realistische Naturstudien
zeichnen und malen, das ist so zwischendurch ganz gut.
Man soll nicht immer nur über den Wolken schweben.
Wie Antäus brauche ich einmal wieder Kraftzufuhr aus
der Erde.

Spröde ist Hanni nicht. Ein Küßchen von durch den
Schneewind frischgekühlten Mädchenlippen schmeckt
wie ein Glas Sekt, frisch aus dem Eiskübel.

Ich saß heute lange mit Hanni allein zusammen, während
ihre Schwester mit Kurt ausgeflogen war, und lauschte
ihrem harmlosen, natürlichen Geplauder. Sie ist nicht
ungebildet, wurde in einem Institut der Englischen
Fräulein erzogen und spricht sogar ganz nett
französisch, da sie zwei Jahre lang als Bonne in Paris
war, nur Esprit darf man selbstverständlich nicht
erwarten. Gute Hausmannskost ist schließlich auf die
Dauer bekömmlicher als Kaviar und Hummer.

Die ältere Schwester ist weniger nach meinem
Geschmack, etwas gröbere Sorte.

Hanni schlüpfte heute in mein Zimmer, um meine
Skizzen anzusehen. Von Kunst versteht sie nichts, aber
sonst ist sie recht zutunlich.

Der Ausdruck 'Rosenkette' ist nicht saisongemäß und
auch etwas abgedroschen, ich will also lieber sagen:
ein kleines, zartes Bändchen hält mich umschlungen,
wenn ich morgen wieder mit meinen Skifreunden bzw.
Skifreundinnen in die Stadt zurückkehre. Man wird
leichtsinnig hier heraußen in der freien Natur.

München:

Hanni kommt nun beinahe täglich nach Schluß ihres
Büros zu mir. Wir speisen dann gemeinsam zu Abend.
Entweder bringt sie kalte Küche mit, die sie für uns
eingekauft hat, und funktioniert dann als Hausfrau,
oder wir gehen in eine Restaurant.

Es ist höchste Zeit, daß eine weibliche Hand über meinen Wäschekasten und meine sonstige Garderobe kommt.

Wieder ist ein Weihnachtsabend vorbei. Ich mußte an den von damals denken, als ich mit dem verletzten Fuß so einsam im Bett lag.

Hanni wollte durchaus, wir sollten ins Gebirge, und die Skier mitnehmen, aber ich war dazu nicht zu haben. Die lärmenden Christbaumfeiern in solch einem Skifahrergasthaus unter den vielen fremden Menschen, finde ich stimmungslos. Zu solchen Zeiten könnte ich die Menge der Sportmenschen nicht ertragen. Weihnachten ist ein Familienfest, da bleibt man in seinen vier Wänden. Hanni verzog zwar etwas das Mäulchen, schließlich gab sie sich jedoch zufrieden.

Ich hatte einen kleinen Baum geputzt, nicht ganz so, wie ich ihn mir einst erträumte; die Spielsachen mußten wegbleiben, und die Krippe auch, aber sonst war er hübsch. Darunter breite ich meine Geschenke aus, über welche Hanni eine kindliche Freude hatte, wenn auch kein goldenes Armband dabei war. Ich hatte einen Punsch gebraut, Delikatessen, Südfrüchte und Süßigkeiten besorgt, und so feierten wir recht gemütlich das Fest in meiner bescheidenen Häuslichkeit.

Es reizt mich, Hanni ein Stück höher hinaufzubilden. Sie ist noch etwas zuviel Gretchen. Wir betreiben daher jetzt gemeinsames Vorlesen. Mit Goethe, den sie nur vom Theater her kennt, wo sie einmal den ersten

Teil des Faust gesehen hat, vor dem ihr heute noch
'gruselt', wie sie sagt, will ich nicht gleich
anfangen, um sie nicht abzuschrecken. Bei den
Englischen Fräuleins scheint er verpönt gewesen zu
sein. Wir beginnen mit Gottfried Keller.

Ob Goethe mit seiner Christiane anfangs auch so viel
Mühe hatte?

Beim 'Grünen Heinrich' gähnt Hanni zuweilen und meint,
Ganghofer sei unterhaltender und spannender, oder noch
besser sei ein Kriminalroman.

Ich gebe mir alle Mühe, Hanni den Instituts-Vorleseton
abzudressieren, glaube indessen kaum, daß es mir gelingt. Warum erzieht man in den Schulen den Kindern so
viel Unnatur an? Verse lasse ich mir von Hanni nicht
mehr vorlesen; falsches Pathos ist mir
unerträglich; sie ist aber beleidigt, wenn ich
ihr das klarzumachen suche.
Während des Karnevals muß ich wohl oder übel eine
Pause in meinen Bildungsversuchen eintreten lassen.
Neben den Tanzvergnügungen ist für Literatur kein
Platz mehr in dem Köpfchen meiner kleinen Freundin.
Begreiflich. Ein junges Mädchen, das den ganzen Tag
über bei der Schreibarbeit an der Maschine
stillzusitzen gezwungen ist, will sich natürlich
abends austoben. Mir selber machen die Redouten noch
wenige Spaß als früher schon, es ist mir ein Opfer,
mitzugehen; ich tue mir in Gottesnamen Zwang an,
denn immerhin ist doch auch das farbenfreudige Gewimmel ein künstlerischer Augenschmaus.

Kürzlich streifte beim Bal paré im Deutschen Theater ein auffallend eleganter Domino dicht an mir vorüber. Ich fing einige Worte auf, die die Dame mit ihrem Begleiter, einem hübschen, noch sehr jugendlichen Burschen wechselte, und glaube, an der Stimme die 'Witwe Guter zu erkennen. Die Figur stimmte ebenfalls. Aus entsprechender Entfernung beobachtete ich das Paar weiter und konnte unauffällig feststellen, daß ich mich nicht getäuscht hatte, und daß sich Frau Guter offenbar recht gut zu amüsieren versteht. Nach dem Gatten, den mir Kallmann mittlerweile einmal gezeigt hatte, hielt ich vergeblich Ausschau, er war sicherlich woanders. Mir wich das Paar geflissentlich aus.

Von meiner Kunst hält Hanni nicht viel, wie sie ganz unumwunden gesteht. Sie ist ihr nicht naturalistisch und nicht romantisch genug. Sie drückt diese ihre Meinung allerdings nicht so aus, sondern sagt gelegentlich: "Ein Baum ist doch grün und nicht blau und rot", und ähnliches. Außerdem meint sie, ich soll doch einmal auch so ein schönes Bild malen wie das, von dem sie eine Reproduktion in ihrem Zimmer hängen hat, wo die Dame mit dem schwarzen Schleier die Büste an dem Grabmal küßt.

Hanni's allerhöchstes Vergnügen ist eine Varieté-Revue. Je kitschiger, desto besser. Einmal habe ich ihr das Opfer gebracht und habe sie in eine solche geführt, ich tue es nicht wieder.

Ein kühner Versuch mit Goethe. Er schien zu glücken. Der Werther interessierte Hanni anfangs sehr,

allmählich erlahmte dann das Interesse, die
Geschichte war ihr nicht 'spannend' genug; "wenn
man doch schon weiß, daß er sich schließlich
totschießt", meinte sie. Daß die psychologische
Charakterisierung der handelnden Personen, die
künstlerische Komposition, die 'Zeichnung' die
Hauptsache ist, geht ihr nicht ein. Sie ist eben
völlig amusisch. Die Wahlverwandtschaften erklärte
sie bald für einen langweiligen Schmarren.

Ich war heute mit Hanni bei der Habenschaden Feier, die
zum Gedächtnis des trefflichen Menschen und Künstlers
alljährlich an seinem Todestag in Pullach abgehalten
wird. Der Meister wollte keine 'tieftrauernden Hinter-
bliebenen', deswegen bestimmte er, daß man sein
Andenken bei Maiwein mit Musik, Tanz und
künstlerischem Mummenschanz feiern soll. War ein
ganzer Kerl gewesen und eine echte Künstlernatur.

An einem Tisch, uns gegenüber, saß ein ältlicher,
behäbiger Spießbürger von echt Münchnerischem
Kaliber, und ihm zur Seite ein viel jüngeres, blondes
Frauenzimmer, das ich zuerst auf seine Tochter
einschätzte. Sie äugte ununterbrochen zu uns herüber.
Plötzlich erkannte ich sie, sie war mir schon gleich
so bekannt vorgekommen, richtig, es war Änni! Sie war
immer noch hübsch, aber dick und rundlich geworden,
hatte die Finger voll Brillantringe, große Ohrringe,
und hatte einen Stich ins Ordinäre bekommen. Ich
grüßte, und als ich bald darauf allein durch den
Wirtsgarten ging, kam sie auf mich zu. Sie war sehr
erfreut, mich wiederzusehen, wußte nicht, ob sie Du
oder Sie zu mir sagen sollte, versicherte mir, sie

habe schon oft im Kunstverein und auf Ausstellungen
Bilder von mir bewundert, und sagte dann, ich solle
doch an ihren Tisch kommen, sie wolle mich mit ihrem
Mann bekanntmachen. Danach trug ich aber schon gar
kein Verlangen, ich schützte also vor, ich sei eben
im Begriff fortzugehen, da ich mich anderweitig
verabredet hätte. Ich frug Änni noch, ob sie glücklich
sei in ihrer Ehe, was sie lächelnd bejahte, dann sagte
ich mit dem Finger drohend: "und bist du auch wirklich
deinem Mann immer hübsch treu geblieben?" Da war
sie beinahe beleidigt, denn das sei doch
selbstverständlich, und sie würde um keinen Preis eine
Todsünde auf ihr Gewissen laden. Kinder hat sie
nicht. Von mir interessierte sie hauptsächlich, ob
die Dame, die bei mir gesessen sei, meine Frau sei,
und als ich dies verneinte, ob das Mädchen nett mit
mir sei und ob ich noch andere Geliebte hätte.

Wie doch die Menschen verschieden sind! In welch
furchtbare Katastrophen sind schon Unzählige
verstrickt worden, wenn sie dem Zug ihres Herzens
nicht folgen konnten, und hier ist ein Menschenkind,
nicht minder mit Durst nach Liebe behaftete, das ganz
befriedigt ist, an der Seite eines alternden Gatten,
den sie unmöglich lieben kann, ein bequemes,
sorgenloses Dasein genießen zu können.
Der Diamant zersplittert unter dem Hammer, und das
Eisen nimmt willig die Form an, die ihm der Schmied zu
geben beliebt.
Hanni frug mich beim Fortgehen, mit was für einer
ordinären Metzgermeisterin ich denn da gesprochen
hätte. "Ich habe sie vor Jahren einmal gemalt", gab
ich zur Antwort.

Sonntags machen wir zuweilen einen Ausflug mit
Fahrrad oder mit der Bahn. Für Natur hat Hanni Sinn.
Es ist ein Vergnügen zu sehen, wie sie im Isartal oder
am Starnberger See auftaut. Da kommt das Naturkind
zum Vorschein und kann dann von ausgelassenster
Lustigkeit sein. Auch versteht sie, sich recht nett
anzuziehen. Darin hat sie Geschmack.

Die Büroarbeit ist nichts für junge Mädchen; sie
macht sie nervös. Bei Hanni zeigt sich das oft
deutlich; dann ist sie mißgelaunt, und es ist
nicht viel mit ihr anzufangen. Man muß gerecht sein:
nach neunstündiger, langweiliger und anstrengender
Arbeit im Büro kann man nicht verlangen, daß die
ermüdeten Sinne noch für geistige Kost empfänglich
sind.
Hanni fand heute in meiner Bilderkammer das Porträt,
das ich seinerzeit aus dem Gedächtnis von Amalien
angefertigt habe. Sie betrachtete es mit Interesse
und frug, wen es vorstelle. Ich nahm es aus ihrer Hand
und sagte: "Es war eine Studie zu einem Bild, aus dem
nichts geworden ist." Sie wollte näheres wissen, ich
aber schwieg.

Es gibt viel mehr Standesunterschiede als wir glauben.
Heute sprach Hanni mit Geringschätzung von einem
meiner Bekannten, weil er "mit einem Ladenmädel
gehe".

In einem Punkt denkt sie übrigens entschieden vornehm.
Sie lehnt alles ab, was nach 'sich aushalten lassen'
schmeckt. Nur kleine Geschenke und sonstige

Aufmerksamkeiten nimmt sie an, Geld aber niemals.

Viel abends zu Hause bleiben und mit mir lesen mag
Hanni nicht mehr; sie möchte immer Unterhaltung
haben. Sie plagt mich, sie ins Theater, ins Kino oder
in ein Varieté zu begleiten. Da mir das häufig
lästig ist, kommt es hierüber zuweilen zu kleinen
häuslichen Szenen, worauf Hanni dann meistens
mehrere Abende ausbleibt. Empfindlich ist sie sehr. Man
muß auf der Hut sein, sie nicht durch irgendein
unbedachtes Wort zu kränken.

Hanni macht mich oft wütend. Wenn sie irgend etwas,
was meist gar nicht zu ergründen ist, übelgenommen
hat, redet sie plötzlich kein Wort mehr. Frage ich,
was sie habe, ob ich etwas gesagt hätte, was sie
beleidigt haben könne, und versichere ich ihr noch so
herzlich, daß ich doch gar nicht die Absicht gehabt
hätte, ihr wehzutun, umsonst, ich bekomme einfach
keine Antwort mehr, stundenlang. Sie bockt wie ein
ungezogenes Kind, und ich bin wehrlos dagegen.

Pygmalionerfahrungen!

Ich habe eine Einberufung zu den Herbstwaffenübungen
erhalten. Ich bin froh, daß mein Verhältnis zu Hanni
dadurch eine Unterbrechung erfährt. Vielleicht wirkt
die längere Trennung wohltätig auf sie ein.

Am 10. August muß ich zu meinem Regiment
einrücken; am 12. ist Abmarsch zu den Übungen im
Gelände.

Auf Manövern:

Das Zigeunerleben hat entschieden viel Reiz. Tagsüber
durch Fluren und Wälder streifen und jede Nacht unter
einem anderen Dach schlafen, wirkt befreiend. Nur die
langen Märsche auf den Landstraßen sind langweilig und
ermüden mich noch sehr, da ich nicht genügend
trainiert bin.

Der Verkehr im fröhlichen Kameradenkreis hat auch viel
für sich. Es sind Prachtmenschen darunter, die nicht
vom Zeitgeist angekränkelt sind. Deutschland weiß gar
nicht, was es an seinem Offizierskorps hat. Ich ärgere
mich immer über die albernen Witzblätter, die den
Offizier als Gecken und Schwerenöter hinstellen. In
Wirklichkeit sind's die allerwenigsten, weniger sogar
als in anderen Kreisen. Die Mehrzahl sind geistig
hochstehende, feingebildete Leute mit gesunden
Anschauungen. Und Humor haben die meisten auch.

Rasttag in einem sehr nett gelegenen, kleinen Dorf.
Ich ging an den mit Weiden bewachsenen Bach, um
Skizzen zu zeichnen; fand dort unter einem Baum
im Gras liegend meinen Kompaniechef, den Homer
lesend.
Ein Stündchen Geplauder mit ihm ist ein geistiger
Genuß. Er ist auch in künstlerischer Beziehung wohl
bewandert und hat ein treffendes Urteil.

Mit Freudigkeit sich Berufspflichten hingeben, die so
viel Selbstverleugnung und persönlich Opfer erfordern,
wie dies beim Berufsoffizier der Fall ist, flößt mir

Bewunderung ein. Wir Künstler ärgern uns zuweilen
über Kritiker, die in Tageszeitungen unverständige
Urteile über Kunstwerke veröffentlichen. Was muß sich
dagegen der Offizier bei Besichtigungen und Übungen
an oft nicht minder unstichhaltigen Kritiken von
seiten seiner Vorgesetzten gefallen lassen, ohne daß er
dabei auch nur eine Miene verziehen darf, von
Widerspruch oder Rechtfertigung überhaupt nicht zu
reden. Dabei kann man über taktische Maßnahmen noch
in viel mehr Fällen zweierlei Meinung sein als in
Fragen der Kunst. Wer dann recht hat, darüber könnte
wohl nur der Feind im wirklichen Krieg entscheiden.

Und zudem ist die Beurteilung durch die maßgebenden
Vorgesetzten für den Untergebenen von viel
einschneidenderen Folgen als das gleichgültige
Zeitungsgewäsch der Kritiker für den freien
Künstler. Ich will mir ein Beispiel nehmen an der
Selbstbeherrschung, die sich die Offiziere auferlegen
müssen.

Mein Kompaniechef bewies mir heute, nachdem der
Regimentskommandeur an seiner Gefechtsführung
viel auszusetzen gehabt hatte, daß dessen Auffassung
vollkommen irrig sei und sagte: "Ich darf's halt
leider dem guten Mann nicht sagen, daß er ein
veralteter Zopf ist; wenn's ihm nur nicht über
kurz oder lang einmal die Franzosen beweisen!"

Hannis Briefe sind recht mager und nichtssagend. Sie
berichtet nur ganz nüchtern über das, was sie erlebt
hat, und viel ist das eben nicht. Gedanken weiß sie
nicht mitzuteilen. Sprachschnitzer will ich ihr nicht

allzu streng ankreiden; kann doch kaum ein Prozent aller Deutschen, auch aus viel gebildeteren Gesellschaftsschichten, tadelfreies Deutsch schreiben. Wenn ich ihr manchmal die Nase auf solche Fehler stoße, nennt sie mich einen zuwideren Schulmeister; schreiben würde sie: zuwieder.

Ein Biwak in schöner, klarer Herbstnacht ist herrlich. Am Abend im fröhlichen Kameradenkreis am offenen Feuer einen starken Grog zu trinken und dann im kleinen Zelt auf dem Acker zu schlafen, ist ein Genuß ganz eigener Art. Nur im Morgennebel beginnt man zu frösteln.

Mein Kompaniechef hat sich durch einen Sturz mit dem Pferd verletzt und mußte nach Hause. Als ältester Oberleutnant mußte ich für die letzten zwei Manövertage die Führung der Kompanie übernehmen.

Abends hatte ich eine unangenehme Geschichte zu erledigen. Ein Mann der Kompanie kam zu mir, um sich zu beschweren, weil ihn tags vorher der Leutnant Kann geschlagen habe. Ich ließ mir den Leutnant kommen, den ich sehr gern habe, weil er ein netter jugendfrischer Mensch und einer der tüchtigsten und liebenswürdigsten der aktiven Offiziere des Regiments ist. Er gab die Sache unumwunden zu, sagte, er habe sich über den Mann geärgert, weil er einen wiederholt gegebenen Befehl nicht befolgt hätte, und da sei ihm eben in der Wut die Hand ausgerutscht.

Ich sprach dann nochmals mit dem Beschwerdeführer
und sagte ihm: "Daß Sie sich beschweren, ist ganz in
der Ordnung; ein ehrliebender Soldat darf sich auch
von einem Vorgesetzten keinen Schlag gefallen lassen,
Sie sind also vollkommen in Ihrem Recht.

Ich als Ihr Kompanieführer bin   verpflichtet,
Sie gegen derartiges zu schützen, und das werde
ich auch tun, darauf können Sie sich verlassen.
Das Vorgehen des Herrn Leutnants gegen Sie ist in
keiner Weise zu billigen, und ich bin der letzte,
der ihn rechtfertigen möchte und der es duldet, daß ein
Soldat geschlagen wird. Aber bedenken Sie folgendes:
wenn ich nun Ihre Beschwerde weitergebe, wozu ich,
wie ich wohl weiß, verpflichtet bin, ich betone das
ganz ausdrücklich, so hat das für den Herrn Leutnant
sehr schlimme Folgen. Es kann ihn seine Stellung
kosten, mindestens wird er neben strenger Bestrafung
in ein anderes Regiment versetzt. Sie wissen ja, wie man
derzeit solche Fälle beurteilt. Soviel ich nun weiß, habt
ihr doch alle den Herrn Leutnant Kann sehr gern, wenn
er auch ein bißchen jähzornig ist, er meint's doch
immer gut mit seinen Soldaten. Überlegen Sie sich also
nun die Sache nochmals. Schließlich hat Sie doch der
Herr Leutnant nicht absichtlich mißhandeln wollen,
sondern es ist ihm halt im Ärger passiert, daß er sich
nicht mehr hat beherrschen können. Grund dazu, sich
über Sie zu ärgern, hat er gehabt, das müssen Sie
selbst zugeben. Ich glaube, ihr nehmt im
gewöhnlichen Leben so was auch nicht gerade so sehr
ernst. Selbstverständlich werde ich dem Herrn Leutnant
meine Meinung sagen und ihm einen Verweis erteilen,
und ich glaube, Ihnen garantieren zu können, daß er in

Zukunft keinen von euch mehr anrührt; das ist
doch gewiß die Hauptsache, um die es sich hier
handelt. Entschuldigen wird er sich auch bei Ihnen.
Also nun überlegen Sie sich: genügt Ihnen das, und
wollen Sie dem Herrn Leutnant eine schwerere Strafe
ersparen, so kommen Sie morgen nochmals zu mir, Sie
können mir dann sagen, daß Sie sich's anders überlegt
haben, und wir wollen die Sache bei einem Verweis von
mir bewenden lassen, wenn Sie das aber nicht so
wollen, dann gebe ich natürlich pflichtgemäß Ihre
Beschwerde weiter, und alles nimmt dann seinen Lauf.
Ich will und darf Sie in keiner Weise beeinflussen,
von Ihrem Beschwerderecht abzustehen, es ist Ihr gutes
Recht, ich möchte Ihnen lediglich Gelegenheit geben,
nochmals die Sache zu überdenken."

Heute morgen vor dem Abmarsch kam der Mann, der
sich gestern beschwert hatte, zu mir und sagte in sehr
netter und anständiger Weise, er bitte, daß die
Beschwerde nicht weitergegeben werde. Ich bin froh,
daß die unangenehme Geschichte damit gut ausgegangen
ist, Leutnant Kann hätte mir sehr leid getan.

Auf dem Marsch sprach ich sehr ernsthaft mit ihm und
sagte: "Durch Ihre unüberlegte Handlungsweise und
Ihren, für einen Offizier nicht zu rechtfertigen
Mangel an Selbstbeherrschung haben Sie sich in eine
höchst peinliche Lage gebracht, und mich nicht
minder. Sie wissen, daß es eigentlich meine Pflicht
ist, die Beschwerde weiterzugeben; ein
Vorgesetzter, der von einer strafbaren Handlung
eines Untergebenen Kenntnis erhält und die Sache nicht
weiter verfolgt, macht sich selbst strafbar.

Das nehme ich allerdings nicht tragisch, denn ich habe
dabei nicht wie ein aktiver Kompaniechef eine Stellung
zu riskieren. Über die Folgen aber, die die Beschwerde
für Sie selbst haben würde, sind Sie sich wohl kaum im
unklaren. Ich habe Sie nun mit voller Absicht in die
Hand des Mannes gegeben, den Sie geschlagen haben, in
die Hand Ihres Untergebenen! Von seiner Gnade hingen
Sie ab. Diese Demütigung soll Ihre Strafe sein. Ich
denke, Sie ziehen daraus eine Lehre fürs Leben und
lassen sich nie wieder hinreißen."

Der Leutnant dankte mir und versprach, sich künftig
besser im Zaum zu halten.

Dem Soldaten hatte ich noch eingeschärft, wenn es
wirklich sein ernster Entschluß sei, die Beschwerde
nicht aufrechtzuerhalten, dann aber auch dafür zu
sorgen, daß sich die Sache nicht herumspreche, was er
mir zusicherte. Mit einer förmlichen Abbitte des
Leutnants wurde die Angelegenheit angeschlossen.

Morgen ist Rücktransport in die Garnison.

München:

Mit Hanni habe ich ein freudiges Wiedersehen gefeiert.
Sie sieht blühend aus und versichert mir, daß sie
Sehnsucht nach mir gehabt hätte, sie habe sich oft
recht einsam gefühlt. Sie ist doch ein gutes Ding.

Ich mache einen kleinen Landaufenthalt mit Hanni, die
eine Woche Urlaub hat. Wir wollen in einem entlegenen
Ort am Ufer des Chiemsees als Mann und Frau leben.
Morgen fahren wir hinaus.

Harras:

Köstliche Herbststimmungen! Für den Maler ist doch der
Herbst die allerschönste Jahreszeit. Diese Glut der
Farben! Die ganze Natur leuchtet in Tönen vom
grellsten Rot bis zum dunklen Braun und Violett, dazu
das tiefgrüne Wasser des Sees und die duftigen blauen
Berge, die sich in ihm spiegeln. Selbst Hanni lernt
einsehen, daß ein Baum nicht gerade immer grün sein
muß.

Stundenlang liegen wir im Kahn weit draußen auf dem
See und lesen oder träumen.

Ich habe eine entlegene Stelle am Seeufer ausfindig
gemacht, ganz verborgen im Schilf, dort male ich an
warmen, sonnigen Tagen Hanni als Wassernymphe.
Wenn die Lichtreflexe auf ihrem Körper spielen, lösen
sich die Glieder in duftige Lichterscheinungen auf.
Sollten die Impressionisten am Ende doch so ganz
unrecht nicht haben?
Schade, daß wir das Idyll schon so bald beenden
mußten. Hanni ist abgereist, da ihr Urlaub zu Ende
ist. Ich bleibe noch einige Tage allein hier, um
angefangene Sachen fertig zu malen.

München:

Schlechtes Wetter hat mich früher in die Stadt
getrieben als ich vorhatte.
Auf Hannis Bitten war ich gestern mit ihr im Kino. Sie
kann   von   irgendeinem   sentimental-romantischen
Machwerk ganz hingerissen sein. Nach dem Filmdrama,
das wir zu sehen bekamen, wischte sie sich die Tränen
aus den Augen; sie wollte darauf sofort in die 'Lustige
Witwe', um sich aufzuheitern. Mir war's zuviel. Ich
kaufte ihr ein Billett und ließ sie allein ins Theater
gehen, worüber sie schmollte. In der freien Natur ist
sie besser genießbar als in der Stadtluft.

Fatale Geschichte! Leutnant Kann war bei mir und
teilte mir mit, die Sache mit der Beschwerde während
meiner Kompanieführung stehe haargenau in der
gestrigen Nummer einer hiesigen sozialdemokratischen
Zeitung. Er legte mir das Blatt vor. Alle Namen sind
genannt. Meine Behandlung der Angelegenheit wird als
unerhörte Unterdrückung der Beschwerde eines armen,
mißhandelten Untergebenen bezeichnet. Überschrift:
Wie die Beschwerdevorschriften in der Armee in
Wirklichkeit gehandhabt werden!

    Kann sagte, er habe den betreffenden Soldaten
befragt, ob er die Veröffentlichung veranlaßt hätte,
dieser wußte aber noch gar nichts davon und beteuerte,
er könne   nichts dafür. Kann traut dem Mann auch
wirklich solch eine hinterhältige Gemeinheit nicht zu,
er sagte, er sein ein harmloser Bauernbursch aus dem
Gebirge, sicher kein Sozialdemokrat, und er halte ihn
für einen ehrlichen Kerl. Die Sache muß also

115

irgendwie durchgesickert sein, und wahrscheinlich hat
sie ein zur Reserve entlassener Mann der Kompanie
oder einer der einberufen gewesenen Reservisten der
Presse verraten.

Der arme Leutnant ist außer sich.

Schon bringt mir der Briefträger eine Vorladung zur
Vernehmung vor dem Gerichtsoffizier meines Regiments
für übermorgen.

Es wird ein militärgerichtliches Verfahren gegen mich
eingeleitet wegen Zuwiderhandlung gegen die
Beschwerdevorschriften und Unterlassung der Anzeige
von der strafbaren Handlung eines Untergebenen.
Unangenehm! Aber ich sehe der Sache mit Ruhe
entgegen. Den Kopf wird's nicht kosten.

Glück im Unglück! Ich habe einen schönen Auftrag
bekommen. Die Hamburg-Amerika-Linie baut einen
großen Salondampfer "Najade". Ich soll bis zum Ende
des Sommers nächsten Jahres ein Gemälde für den
Prunksalon fertigen und auch die Dekorationen für die
kleineren Wandfüllungen malen. Eine hiesige
Möbelfirma führt die Holzarbeiten aus; ich kann
mit ihr zusammenarbeiten. Die Werkzeichnungen
bekomme ich gleich zu Anfang des nächsten Jahres
vorgelegt.

Nun kann ich meine Wassernymphenstudien von
Harras verwerten. Hanni beschwört mich, ich solle sie
nicht zu ähnlich malen. Sie braucht keine Angst zu
haben.

Mein "Fall" hat mehr Staub aufgewirbelt als die
Lappalie wert ist. Die Sozialdemokraten haben in der
Kammer der Abgeordneten den Kriegsminister
interpelliert, und dieser hat genaueste Untersuchung
und strenge Bestrafung der Schuldigen zugesagt.

Nun steht die Geschichte natürlich in allen Zeitungen,
und zwar nicht nur im Landtagsbericht verborgen,
sondern sie wird auch an anderer Stelle breitgetreten,
da mein Name immerhin schon einigermaßen bekannt ist.

Es ist merkwürdig, wie viele Leute Zeit haben, sich um
Dinge zu kümmern, die sie eigentlich gar nichts
angehen. Jeden Morgen finde ich mein Briefkästchen
angefüllt mit Zuschriften. Die meisten sind anonym,
und soweit sie unterschrieben sind, handelt es sich um
mir gänzlich unbekannte Namen. Der eine Teil der
Briefschreiber verdammt mich in die Hölle und hofft,
daß ich für recht lange Zeit ins Gefängnis gesteckt
werde, der andere macht mir Komplimente wegen
meines "Mutes" und fühlt sich verpflichtet, mich zu
trösten. Beide lassen mich völlig kalt.

Hanni ist eifersüchtig auf ein Modell, nach dem ich
gegenwärtig arbeite. Ich mußte ihr schwören, das
Mädchen nicht anzurühren. Sie hat mir schon eine Szene
gemacht. Lächerlich!

Die Voruntersuchung ist abgeschlossen. Der
Gerichtsherr hat Anklage gegen mich erhoben.
Kallmann hat sich in freundschaftlicher Weise erboten,

meine Verteidigung zu übernehmen. Ich akzeptiere gern den Freundschaftsdienst.

Ich würde mir nicht viel aus der Sache machen, wenn mich nicht die damit verknüpften Scherereien gerade jetzt in meinem künstlerischen Schaffen sehr störten. Meine Gerichtsverhandlung und die des Leutnants Kann sollen am 15. November stattfinden. Wenn nur nicht das ekelhafte Herumgezogenwerden in den Zeitungen damit verknüpft wäre; man kommt sich wie ein Schwerverbrecher vor.

Die Verhandlung hat stattgefunden. Ich erzählte den Vorgang, wie er sich abgespielt hatte, wobei mir meine Tagebuchaufzeichnung sehr zustatten kam; die Schreiberei ist also doch zu was gut! Ich sagte, ich hätte durchaus kein Schuldbewußtsein und würde gegebenenfalls genau wieder ebenso handeln. Für mich seien Erwägungen der Menschlichkeit maßgebender als starre Vorschriften. Kallmanns Verteidigung war so glänzend, daß im Zuhörerraum applaudiert wurde, was der Gerichtsvorsitzende rügte. Ich weiß nicht, ob ich es dieser Verteidigungsrede zu verdanken habe, daß mir mildernde Umstände in weitgehendem Maße zugebilligt worden sind, trotzdem muß ich nach dem Gesetz zu drei Monaten Festungshaft verurteilt werden. Der Leutnant Kann bekam eine Arreststrafe aufgebrummt und wird strafversetzt.

Einer der Richter, mit dem ich nach der Verhandlung sprach, sagte mir: "Wir hätten Ihnen gern als weiteren mildernden Umstand angerechnet, daß Sie als Offizier des Beurlaubtenstandes mit den Beschwerdevorschriften nicht so wie ein aktiver Offizier vertraut gewesen seien, Sie haben uns das aber leider unmöglich gemacht dadurch, daß Sie ausdrücklich versicherten, Sie seien sich über das Gesetzwidrige Ihrer Handlungsweise vollkommen im klaren gewesen. Das war unvorsichtig von Ihnen." Ich erwiderte: "Dann hätte man es mir noch mehr mildernd anrechnen sollen, daß ich so ehrlich war, nicht zu leugnen sondern der Wahrheit die Ehre zu geben. Von dem Recht des Angeklagten, zu lügen, macht nur der Verbrecher Gebrauch." Ich glaube, der Herr hat sich daraufhin etwas geschämt.

Was soll nun aus meinem Auftrag der Hamburg-Amerika Linie werden? Drei Monate Arbeitszeit kann ich nur schwer entbehren.

Der Vater des Leutnants Kann, ein aktiver General, war bei mir. Er bedankte sich mit warmen Worten dafür, daß ich mich - leider ohne Erfolg - für seinen Sohn aufge-opfert hätte. Als ich von der für mich empfindlichen Störung meiner Arbeit an dem Auftrag sprach, riet er mir, ich solle um Strafaufschub nachsuchen, und ver-sprach mir, er werde sich im Kriegsministerium für mich verwenden; an dem Erfolg zweifele er nicht.

Als ich heute um eine Straßenecke bog, kam mir eine Dame entgegen, die ich nicht sogleich beachtete. Als sie schon beinahe vorüber war, faßte ich sie erst genauer ins Auge und glaubte, unter dem Schleier Amaliens Züge zu erkennen. Ich war momentan so verwirrt, daß ich erst grüßte, nachdem sie es nicht mehr sehen konnte. Oder habe ich mich getäuscht?

Es ist charakteristisch für alle Un- oder Halbgebilde-
ten, daß sie vor komplizierten Lebenserscheinungen zu-
rückschrecken und meinen, es müsse sich alles auf eine
einfache Formel bringen und mit einem Schlagwort
abstempeln lassen. Daß mehrere Gesichtspunkte in
Betracht zu ziehen sind, soll das Urteil über eine
Sache nicht einseitig und damit ungerecht sein,
leuchtet primitiveren Geistern nicht ein.

Das erlebe ich oft bei Hanni. Ich soll ihr immer mit
drei Worten sagen, was sie von einem politischen Vorgang, von einer Persönlichkeit oder von einem
Kunstwerk etc. zu halten hat, und sie wird ungeduldig,
wenn ich mir selbst noch keine feste Ansicht gebildet
habe. Sie kann einen da zuweilen mit ihren naiven
Fragen bis aufs Blut quälen. Was sie nicht versteht,
wird einfach als Blödsinn abgetan.

Mein künstlerisches Schaffen, das ihr immer
unbegreiflicher wird, gehört offenbar in diese
Kategorie. Über den Entwurf zu einer Geißelung Christi
schüttelte sie den Kopf und meinte: "Soll das schön
sein?" Ich antwortete: "Nein."

Kürzlich sprachen wir über den Kaiser Wilhelm. Als sie
mich da wieder mit ihrem Drängen nach einer
Schlagwortabstempelung zur Verzweiflung brachte,
zitierte ich Wilhelm Busch:

Mein Kind, es sind allhier die Dinge,
gleichviel ob große, ob geringe,
im wesentlichen so verpackt,
daß man sie nicht wie Nüsse knackt.

Wie wolltest du dich unterwinden,
kurzweg die Menschen zu ergründen.
Du kennst sie nur von außenwärts.
Du siehst die Weste, nicht das Herz.

Da sagte sie nur: "Quatsch!" Sie ist kunstimmun.

Ich habe mich scheint's doch nicht getäuscht;
Amalie von Olfingen ist tatsächlich wieder hier;
ich sah sie im Theater nach Schluß der Vorstellung in
der Garderobe bei ihrem Vater und ihrer Stiefmutter
stehen; Frau von Kallmann war auch dabei. Da
mir eine Begegnung in dieser Situation peinlich
gewesen wäre und ich der Überzeugung war,
ausgerechnet inmitten der vielen Menschen ein
Wiedersehen zu feiern, würde auch Amalien
keineswegs erwünscht sein, verschwand ich rasch in
der Menge. Ich glaube nicht, daß ich bemerkt worden
bin. Amalie sieht unverändert aus.

Hanni fängt an, mir manchmal auf die Nerven zu gehen.
Es gab wieder einmal ein Gewitter; Ursache
unbekannt. Hanni setzte ihren Trotzkopf auf und
schwieg wie ein Trappist. Zuerst lächelte ich darüber,
das reizte sie sichtlich noch mehr. Schließlich
ärgerte auch ich mich und sagte, ein Kind lege man bei
solch einem Benehmen über, bei einem Erwachsenen
aber sei es einfach läppisch; unter vernünftigen,

gebildeten Menschen pflege man Mißverständnisse
durch offene Aussprache zu beseitigen. Daraufhin
nahm sie Hut und Mantel und ging ohne Gruß weg.

Ich sehe ein, meine Erziehungskünste sind an
Bildungsunfähigkeit gescheitert. Ich hatte einen
gewissen Reiz darin gefunden, mir ein Wesen ganz nach
meinem Sinn heranzuziehen. Wie hübsch wäre das
gewesen, wäre es mir gelungen, das Mädchen zu mir
heraufzuheben, in ihm Sinn und Verständnis für Kunst
und für Höheres überhaupt zu wecken. Es hätte sich ein
harmonisches Zusammenleben daraus entwickeln
können. Ich habe meine Saatkörner in einen zu steinigen
Acker gestreut. Alle Versuche, Interesse an meinem
Schaffen bei ihr zu erwecken, sind kläglich
gescheitert.

Ich habe mich schwer getäuscht. Statt daß ich dieses
Mädchen in meine Gedankenwelt heraufhebe, zieht sie
mich am Ende noch auf ihr Niveau herab, wenn das so
weitergeht, denn ich werde von anderem Verkehr
abgelenkt, der mir mehr geistige und künstlerische
Anregung bieten könnte. Die braucht jeder Künstler,
soll nicht schließlich seine Kunst darunter
leiden; das darf nicht sein! Der bin ich es
schuldig, Schluß zu machen, ehe es so weit kommt.
Ich Tor! Wie hatte ich nur glauben können, bei solch
einem Geschöpfchen mehr zu finden als bei jedem
beliebigen Weibchen mit animalischen Trieben? Wie
war ich verblendet! Ich hätte an Dürer mit seiner
hausbackenen Agnes denken sollen, die den
Humanismus, der ihm so viel Anregung bot, für
Heidentum erklärte und ihn abzuhalten versuchte, das

zu malen, was in seinem Innern nach Gestaltung drängte, an Grünewald, der auch unter einer unebenbürtigen Lebensgefährtin litt, und an so viele andere, die mit solch einem Hemmschuh belastet waren. Vielleicht war das sogar bei Goethe der Fall; hätte er statt seiner Christiane eine geistreichere Gattin gefunden, wer weiß, was er der Menschheit noch alles beschert hätte. Aber seine Frau von Stein ist ihm halt auch unerreichbar geblieben, da hat er sich mit der Vulpius zu entschädigen versucht und an ihr wenigstens eine gute Hausfrau gefunden.

Man hat mir Strafaufschub bis zum Juli 1914 bewilligt. Nun kann ich wieder ruhig arbeiten. Die Hapag hatte ebenfalls eine Eingabe gemacht, worin sie die Dringlichkeit meiner Arbeiten darlegte.

Hanni hat sich seit acht Tagen nicht mehr sehen lassen. Nach reiflicher Überlegung habe ich ihr einen Abschiedsbrief geschrieben, worin ich ihr auseinandersetzte, daß es wohl für uns beide besser sei, unsere Lebenswege zu scheiden, denn auch sie werde gewiß einsehen, daß wir nicht zu einander passen.
Der Gedanke der Probeehe hat viel für sich.

"Was lässest du das schöne Mädchen fahren,
das dir zum Tanz so lieblich sang?

Ach! mitten im Gesange sprang
ein rotes Mäuschen ihr aus dem Munde."

Wiederum ein einsames Weihnachtsfest! Ich werde den
heutigen Abend mit guten Freunden, Jüngern der
Kunst, bei einer Bowle feiern. "Die schlechteste
Gesellschaft läßt dich fühlen, daß du ein Mensch doch
unter Menschen bist."

Ich will nächstens nach Hamburg fahren um mir einen
der großen Ozeandampfer anzusehen, damit ich meine
Malerei auf die Wirkung im Schiffsraum hin zu
beurteilen vermag.

Kolmar:

Schon längst drängte es mich zu einer Wallfahrt an die
heilige Stätte der Kunst, nach Kolmar, zu Grünewalds
Isenheimer Altar. Ich habe ihn bisher nur aus
Abbildungen gekannt. Nun aber habe ich die Rückreise
von Hamburg zur Erfüllung meines Wunsches benützt
und den Umweg über Kolmar gemacht.

Ich habe jetzt das Wunderbare selbst geschaut;
alle meine Erwartungen sind übertroffen. Was sind
wir doch heutzutag für elende Stümper! Bestenfalls
sind wir Maler, aber keine Künstler. Hier ist einer,
der ein ganzer Künstler war, der ein Werk ohnegleichen
schuf, ein Werk, das Musik, Poesie und Malerei
zugleich ist; das ist das ganz große an dem
Altarwerk. Und Religion ist's noch obendrein, echter,
brünstiger Glaube einer wahrhaft frommen
Künstlerseele. Gerade das ist's ja, was uns Heutigen
fehlt, und weswegen wir keine bedeutenden Leistungen

mehr zustande bringen. Wir schaffen nicht mehr mit gläubiger Seele, völlig hingegeben an das Überirdische. Wir kleben am Staube. Nur der, der dem Gesang der Engel wirklich gelauscht hat, dem er im Ohr erklungen ist, der in hingebendem Gebet die Gottesmutter erschaut hat, den das Leiden Christi bis ins Mark erschauerte, und der sich durch den Martertod des Heilands wirklich erlöst fühlt, nur solch ein Mensch vermag diese rhythmischen Farbenakkorde als Himmelsmusik ertönen zu lassen, vermag Märchen und Legenden in Farben zu dichten, und kann der Menschheit ganzen Jammer in solch einer Gestalt des Gekreuzigten herausmeißeln, um schließlich alles aufzulösen in das Farbenmysterium der Himmelfahrt des Auferstandenen.

Ich muß an die Sixtinadecke denken, das einzige Werk, das man überhaupt in einem Atem mit dem Isenheimer Altar nennen kann. Es ist noch gigantischer, aber es greift nicht so unmittelbar ins Gemüt, ist kälter, ist Mythologie; hier dagegen ist Religion, Inbrunst. Alle Register vom kindlichsten Empfinden, von lieblichen Engeln und märchenhaften Kobolden, vom naiv realistisch gebildeten Hausrat bis zum Grausigsten, Furchtbarsten, Niederschmetterndsten und bis zum rein Übersinnlichen sind gezogen.

An dieser Stätte sollte jeder, der wähnt, das Zeug zum Künstler in sich zu haben, pilgern wie der Moslem nach Mekka, und wenn er dann noch den Mut findet, zum Pinsel zu greifen, so mag er's tun. - Werde ich's noch einmal wagen? Meine Freude am Schaffen für die Hamburg-Amerika- Linie ist stark beeinträchtigt.

Seltsam! Seit ich hier bin lastet ein unbeschreiblicher Druck auf mir, eine Beklemmung, ähnlich der, die mich in Paris manchmal beunruhigte.
Ich vermag dieser Bangigkeit nicht Herr zu werden.
Ist's der gewaltige Eindruck des grandiosen Werkes?
Der Dämonenspuk, der blutige Leichnam des Gekreuzigten und die schmerzgebeugte Maria verfolgen mich in meine Träume. Dann ist mir's wieder, als löste ich mich in Äther auf wie der Auferstehungsmann. Wie ein unbestimmtes Ahnen kommt's über mich. Die düsteren Vogesenwälder dort drüben haben etwas Bedrohliches.
Gibt's dort wirklich die greulichen Kobolde, die Grünewald gemalt hat? - Ich sehe Gespenster.

München:

Eine Geburtstagsüberraschung verblüffendster Art! Ein Brief von Amalie! Ich mußte mich erst überzeugen, ob ich bei Sinnen sei, ehe ich ihn las.

Welch eine Wandlung! So habe ich mich also wirklich nicht in der Geliebten getäuscht!

Die widersprechendsten Gefühle toben in meiner Brust: Freude über Amaliens Sinnesänderung, Genugtuung über die Tatsache, daß sie einsieht, mir Unrecht getan zu haben, und furchtbare Niedergeschlagenheit darüber, daß dies nicht schon früher geschehen ist. Was geht da in ihr vor? Ist ihre Liebe wieder erwacht, oder ist's nur Reue, bedauert sie mich nur? Bedeutet der Brief am Ende gar ein Opfer?

Sollte doch alles wieder gut werden können, oder ist's
zu spät?
Die schlecht vernarbte Wunde droht wieder
aufzubrechen.

Anmerkung des Herausgebers

Hier bricht das Tagebuch meines Freundes ab. Es
scheint, daß er nie wieder Aufzeichnungen für sich
gemacht hat.

Die weiteren Ereignisse gehen aus dem Briefwechsel
hervor, den ich hier folgen lasse. Zum Teil fand ich
die Briefe im Nachlaß meines Freundes, teils sind sie
mir von Fräulein Amalie von Olfingen überlassen
worden.

Der Name Herr von Ammer ist ein Pseudonym.

München

Sehr geehrter Herr von Ammer,

werden Sie es für einen gegen die konventionellen
Gebräuche verstoßenden Schritt halten, wenn ich mich so
an Sie wende?

Ich setze mich freiwillig Ihrem Tadel, vielleicht Ihrer
Mißachtung aus, und ich bin mir dessen vollkommen
bewußt. Ihrem ritterlichen Gefühl stelle ich es anheim, ob

127

Sie von der Waffe, die ich durch diesen meinen Brief in Ihre Hand lege, Gebrauch machen wollen. Wie Sie auch darüber denken mögen, davon seien Sie überzeugt, daß ich in allem, was ich Ihnen sagen werde, nur die reine Wahrheit aussprechen will. Das kann in meinen Augen niemals entwürdigend sein; deshalb habe ich den Mut, sie auszusprechen. Ich schäme mich meiner Offenheit nicht, denn ich allein weiß, was mich dieser Schritt kostet.

Sie werden ohne Zweifel den Brief, den ich vor nun nahezu sechs Jahren an meine Freundin, Frau von Kallmann geschrieben habe, und der indirekt an Sie gerichtet war, nicht ganz vergessen haben, wenn er auch wohl längst vernichtet sein wird, und die Erinnerung daran bei Ihnen verblaßt ist. Ich habe die Abschrift dieses Briefes aufgehoben und möchte nun, nachdem ich den Gedanken an irgendeine Aufklärung meines damaligen Verhaltens lange Jahre in mir verarbeitet habe, Ihnen ein einziges Mal aussprechen, wie sehr mir dieser unhöfliche, ja beleidigende Brief leid tut. Sie haben sicherlich eine so schroffe Behandlung nicht verdient. Werden Sie finden, daß ich wankelmütig und charakterlos bin?

Bedenken Sie: Die Verhältnisse waren damals so unklar, und es war so vieles über mich hereingebrochen, so viele Umstände wirkten zusammen, der Tod meines Bruders, die Wiederverheiratung meines Vaters, meine damit zusammenhängende Abreise von zu Hause und infolgedessen die gänzliche Veränderung meiner Lebensweise. Alles dies ging Schlag auf Schlag, all diese Umstände waren ineinander verkettet. Ich hatte niemanden, der eine so wichtige Sache eingehend und liebevoll mit mir besprochen hätte, denn meinen Angehörigen hatte ich nichts davon gesagt, - sie wissen's auch heute noch nicht - und meine Freundin war in München zurückgeblieben. Briefe konnten die mündliche Aussprache nicht ersetzen. Unter solchen Umständen fand ich nicht den Mut und die Energie, eine so eingreifende Änderung und Umwälzung meiner gefaßten Pläne in Aussicht zu nehmen. Ich war entmutigt und konnte mich nach alledem, was ich durchgemacht hatte, zu nichts aufraffen. In dieser Seelenverfassung schrieb ich jenen Brief. Er fiel vielleicht gerade deshalb so unfreundlich aus, weil schon damals etwas wie innerliche leise Zweifel und Bedenken, ich möchte fast sagen Reue in mir waren, ohne daß ich mir dessen recht bewußt ward. Ich kann den Gedanken nicht ertragen, daß Sie in dem Glauben bleiben, ich hätte in Wirklichkeit so schroff und unweiblich empfunden, wie mein Brief sich anhört. Warum ich aber trotzdem so geschrieben habe, werden Sie als Mann mit festem und entschiedenem Charakter wohl niemals verstehen können; es ist mir jetzt fast selbst ein Rätsel.

Daß Sie die unverdiente Kränkung, die im Ton meines Briefes lag, empfunden haben, und daß sie auch heute noch nachwirkt, beweist mir Ihr Vermeiden jeglicher Begrüßung. Ich finde das immerhin begreiflich und gerechtfertigt, nur könnte es möglicherweise einmal meinen Angehörigen auffallen, die, wie gesagt, nicht um die Sache wissen.
Nachdem ich Ihnen nun alles klar und offen darzulegen versucht habe, möchte ich Sie bitten, sich nicht zu einer Beantwortung meines Briefes verpflichtet zu fühlen. Sollte es jedoch Ihr eigener Wunsch sein, mir etwas

mitzuteilen, so bitte ich Sie dringend, mir rückhaltlos, ohne Umschweife und mit voller Offenheit zu schreiben, ganz so, wie Sie empfinden. Ich habe leider in der letzten Zeit unserer Bekanntschaft nie mehr Gelegenheit gehabt, mich Ihnen gegenüber unumwunden auszusprechen; vielleicht hätten wir uns dann besser verstanden als durch Vermittlung anderer. Deshalb habe ich auch jetzt meiner Freundin nichts von diesem Brief gesagt.

Ich habe die feste Überzeugung, daß Sie in der Tatsache, daß ich Ihnen schreibe, einen Beweis meines Vertrauens sehen und dieses nicht mißbrauchen werden, denn nur einem Ehrenmann gegenüber wird man solche Zeilen wagen.

Mit dem Ausdruck meiner Hochachtung verbleibe ich

Ihre ergebene

Amalie von Olfingen.

Hochverehrtes Gnädiges Fräulein!

Für Ihre Zeilen innigen, herzlichen Dank! Nichts liegt mir ferner als Tadel oder gar Mißachtung, denn erstens denke ich frei genug, um konventionelle Schranken nicht anzuerkennen, die einen Menschen daran verhindern, einem anderen etwas mitzuteilen, wozu ihn sein Herz drängt, und zweitens flößt mir Ihre für eine Dame nicht geringe Freimütigkeit eher Bewunderung ein.

Sie bitten, ich solle mich nicht verpflichtet fühlen, Ihren Brief zu beantworten. In bezug auf einen Punkt Ihres Schreibens jedoch fühle ich dennoch mich zu einer Antwort verpflichtet. Das braucht Ihnen aber keineswegs ein peinlicher Gedanke zu sein, im Gegenteil, es ist mir lieb und ich bin Ihnen dankbar, daß Sie mir Gelegenheit zu der folgenden Aufklärung geben:

Ich bin mir nur bewußt, was man so sagt, "geschnitten" zu haben. Das eine Mal geschah's vor einigen Monaten; ich bog um eine Straßenecke, und da ging eine Dame an mir vorüber, die ich gar nicht gleich beachtete und in der ich erst als sie bereits vorüber war, ihr nachblickend, Sie zu erkennen glaubte. Ich war bis heute noch im Zweifel, ob ich mich damals nicht etwa getäuscht haben könnte. Bedenken Sie, ich konnte nicht vermuten, daß Sie hier seien und hatte Sie so lange Jahre nicht mehr gesehen. Als ich mir dann sagte: "ist das denn nicht Fräulein von Olfingen gewesen?" war ich zunächst so verwirrt, daß Sie mir bereits entschwunden waren, bis mir alles klar zu Bewußtsein kam. Absicht war's also nicht; ich würde das Unterlassen des Grußes einer Dame gegenüber auf jeden Fall für eine Unhöflichkeit halten, auch nach einer vermeintlichen Kränkung würde ich es nicht gerechtfertigt finden. Der zweite Fall war kein Verweigern eines Grußes, sondern ein, wie ich glaubte, ganz unauffälliges Ausweichen, ein einfaches Vermeiden des Zusammentreffens. Es war im Menschengewühl der Theatergarderobe. Sie befanden sich in Gesellschaft von Frau Kallmann und Ihrer Angehörigen, und ich war der Meinung, Sie hätten mich gar nicht bemerkt. So verschwand ich in der Menge, weil ich mir dachte, es sei für uns beide nicht angenehm, unter solchen Umständen zusammenzutreffen.

Sollte ich Sie noch irgendwo nicht gegrüßt haben, so habe ich Sie nicht bemerkt oder nicht erkannt, was mir leider nicht selten mit Bekannten auf der Straße passiert, es geschah aber gewiß nicht absichtlich. Ich bitte Sie also, mir nichts übelzunehmen, es würde mir leid tun, wenn Sie mich für unhöflich halten würden. Im übrigen segne ich den Zufall, denn ihm verdanke ich es offenbar zum nicht geringen Teil, daß Sie an mich geschrieben haben.

Und nun zu Ihren weiteren Mitteilungen. Ich habe Ihnen schon zu Beginn meines Briefes für Ihre freimütige Erklärung gedankt. Sie haben mir damit eine große Freude bereitet und die schönste Geburttagsüberraschung die mir zuteil werden konnte, denn just heute jährt es sich wiederum, daß ich dieses Jammertal betreten. Sie erlauben mir wohl eine ebenso offene Aussprache, und zwar nicht weil ich mich hierzu "verpflichtet fühle", vielmehr weil ich mich freue, es tun zu dürfen. Gewiß begreife ich alles, was Sie mir von Ihrem seinerzeitigen Seelenzustand geschildert haben. Ich habe so Ähnliches schon damals geahnt, als sich der erste Sturm in meiner Brust etwas gelegt hatte. Es war immer meine Überzeugung, daß nur eine Kette widriger Umstände für unser Mißgeschick verantwortlich zu machen sei. Die mißlichen Verhältnisse, die auf Sie drückten, habe ich vollständig zu würdigen verstanden. Ich gestehe aber ganz offen, daß Ihr Brief trotzdem wie ein kalter Wasserstrahl auf mich wirkte. Ich habe lange gebraucht, bis ich's verwunden, und verhehle nicht, daß mich die Schroffheit Ihrer Abweisung befremdet und tief geschmerzt hat. Um so mehr freut es mich, aus Ihrem heutigen Brief zu ersehen, daß Sie zu einer besseren Einsicht gekommen sind, freut mich Ihr Bedauern darüber, keine Gelegenheit gehabt zu haben, sich mir gegenüber mündlich offen auszusprechen, und berührt es mich wohltuend, daß Ihnen Ihr damaliger Schritt leid tut. Es fällt mir im Traum nicht ein, Sie deshalb für wankelmütig oder gar charakterlos zu halten, ganz im Gegenteil! ich ehre Ihren Freimut und danke Ihnen nochmals innigst dafür. Gerne erkläre ich Ihnen ausdrücklich, daß ich nunmehr keinerlei Groll mehr gegen Sie hege. Ihr Brief hat auch den letzten Rest von Bitterkeit in mir getilgt.

Sie würden mich zu noch größerem Dank verpflichten, wenn Sie diesen meinen Brief einer Antwort würdigen wollten, füge indessen, Ihrem Beispiel folgend, hinzu: verpflichtet sollen Sie sich nicht dazu fühlen. Aber warum sollten wir uns nicht auch fernerhin rückhaltlos auf diese Weise aussprechen? Sie werden begreifen, daß ich Ihnen im Augenblick, unter dem überraschenden Eindruck Ihres Briefes, nicht mehr zu schreiben vermag, obgleich ich noch viel zu sagen hätte, denn ich habe all die Jahre über gar mancherlei erlebt. Wenn Sie also auch in Zukunft noch den konventionellen Gebräuchen trotzen wollen, so können wir ja ganz unbefangen in einen völlig harmlosen Briefwechsel treten, ohne daß Sie eine nochmalige Liebeserklärung von mir zu befürchten hätten, denn das werden Sie begreiflich finden und es mir auch nicht verübeln, wenn ich's ausspreche: das Gefühl der Liebe ist in mir erstorben; sagen wir, es ist wegen Nahrungsmangels verhungert. Doch gegenseitiges Vertrauen und Achtung zwischen verständigen Menschen ist auch etwas wert.

133

Meiner absoluten Verschwiegenheit können Sie gewiß sein. Nochmals tausend Dank für Ihr Vertrauen!

Mit ergebenstem Gruß   Ihr

Rudolf von Ammer

München

Sehr geehrter Herr von Ammer,

gern komme ich Ihrem Wunsch nach, Ihren Brief zu beantworten. Ich möchte Ihnen sagen, daß ich alles, was Sie darin zum Ausdruck bringen, vollkommen verstehe und mich ganz in Ihren Gedankengang und in Ihr Empfinden versetzen kann. Es wäre mir eine große Beruhigung, wenn Ihre Bitterkeit gegen mich wirklich ganz getilgt sein sollte.
Nur der Gedanke tut mir weh, daß Sie - vielleicht teilweise durch meine Schuld - den Glauben an das Glück und die Menschen überhaupt verloren zu haben scheinen. Das ist überaus traurig und deprimierend. Ich kann es von Herzen mitempfinden, wieviel Willenskraft und Charakterstärke dazu gehört, solch ein Gefühl Jahre hindurch zu ertragen und sich dadurch in seinem künstlerischen Schaffen nicht hemmen zu lassen. Arbeit ist ja wohl an sich ein Trost, doch kann sie allein das Leben nicht ausfüllen.
In bezug auf den ersten Teil Ihres Briefes gebe ich gern zu, daß Ihr Vermeiden des Grußes in beiden Fällen durchaus unauffällig war, und in einem anderen Fall hatten Sie mich offenbar gar nicht gesehen. Kommen wir

deshalb nicht mehr darauf zurück, es ist ganz nebensächlich.

Zum Schluß möchte ich Ihnen noch dafür danken, daß Sie das Vertrauen, das ich in Sie gesetzt habe, gerechtfertigt haben und daß Sie auch Ihrerseits mir Vertrauen und Achtung entgegenbringen wollen.

Es grüßt Sie Ihre ergebene

Amalie von Olfingen.

München

Sehr geehrter Herr von Ammer,

um einem etwaigen Mißverständnis vorzubeugen, möchte ich Sie nur fragen, ob Sie meinen Brief vom 1. Mai erhalten haben, oder ob er vielleicht verlorengegangen ist. Ich kann mir nicht denken, daß der Inhalt Sie irgendwie verletzt haben könnte, vermag mir Ihr langes Schweigen aber nicht zu erklären.

Es grüßt Sie

Ihre ergebene

Amalie von Olfingen.

München

Hochverehrtes Gnädiges Fräulein!

Es war gewiß recht ungezogen von mir, daß ich Ihren
Brief vom 1. Mai nicht gleich beantwortet habe. Ich
hatte den löblichen Vorsatz, Ihnen einen längeren Brief,
eine Ergänzung meines ersten, zu schreiben, fand jedoch
nicht die nötige Muße dazu, da ich gegenwärtig durch
einen größeren Auftrag, der bis zu einem bestimmten
Termin ausgeführt sein muß, sehr in Anspruch
genommen bin. Ich wollte Ihnen doch nicht nur eine
flüchtige Empfangsbestätigung mit ein paar Zeilen
geben, sondern in voller Ruhe ausführlich schreiben.
Bitte verzeihen Sie mir meine Saumseligkeit. Es ist
natürlich keine Rede davon, daß mich Ihr Brief irgendwie
verletzt haben sollte, im Gegenteil! ich habe Ihnen zu
danken, daß Sie so gütig waren, mir zu antworten.

Ein paarmal hatte ich mich schon an den Schreibtisch
gesetzt; ich wollte Ihnen so viel schreiben, mich nach
Ihnen erkundigen, fragen, wie es Ihnen geht, wo Sie all
die Zeit über waren und was Sie erlebt haben, ob Sie sich
glücklich fühlen und anderes mehr, aber dann habe ich
mir wieder gesagt: man wird dich für aufdringlich halten,
hast du doch keine Berechtigung zu solchen Fragen.
Wenn Sie mir darauf die Antwort verweigerten, so
geschähe mir recht, denn ich bin Ihnen ja doch eigentlich
so sehr fremd geworden.

Auch von meinem eigenen Leben und Treiben, von
Reisen, die ich in den letzten Jahren gemacht, und von
Eindrücken, die ich empfangen, so z.B. in Paris, wo ich

längere Zeit gearbeitet habe, oder vom Isenheimer Altar, diesem Wunderwerk Grünewalds, das mir bei einem Besuch Kolmars zu einer Offenbarung geworden ist, all das wollte ich Ihnen erzählen, aber dann stellten sich Zweifel ein, ob Ihnen mein Erleben nicht am Ende doch gleichgültig sei. So legte ich die Feder immer wieder weg und ließ es sein. Wozu Sie mit dem langweilen, was Sie vielleicht gar nicht interessiert?

Doch einen Punkt in Ihrem Brief will ich nicht unbeantwortet lassen. Ich habe keineswegs den Glauben an die Menschheit überhaupt verloren; o nein! Ich lebe im allgemeinen ganz glücklich und zufrieden, fühle mich wohl bei meiner künstlerischen Arbeit, wenn sie mir auch manche Enttäuschung bereitet, so oft ich an die mir gesetzten Schranken anrenne, erfreue mich daneben an Literatur und an den Schönheiten der Natur, und genieße auch einigen Verkehr mit mir befreundeten sympathischen Menschen. Zum Misanthropen habe ich kein Talent, darüber brauchen Sie sich also keine Gedanken zu machen.

Es war sehr liebenswürdig von Ihnen, daß Sie mir geschrieben haben. Ich danke Ihnen herzlichst. Haben Sie es mir auch wirklich nicht übelgenommen, daß ich so frei war, Sie darum zu bitten?

Hoffend, daß es Ihnen recht gut gehen möge, verbleibe ich mit ergebenstem Gruß

Ihr von Ammer

München

Sehr geehrter Herr von Ammer,

Daß Sie meinen Brief nicht gleich beantworten konnten, verstehe ich sehr wohl und verüble ich Ihnen keineswegs. Ich weiß die Gründe, welche Sie vom Schreiben abhielten, zu würdigen. Sie hatten in Ihrem ersten Brief den Wunsch geäußert, mit mir in Briefwechsel zu bleiben, dem bin ich gern und mit aller Aufrichtigkeit nachgekommen. Gewiß wird mich alles, was Sie schreiben wollen, interessieren, vorausgesetzt, daß Sie selbst das Bedürfnis fühlen, sich mir mitzuteilen.

Was mich betrifft, so geht es mir gut. Ich beabsichtige, nun ganz hier zu leben, habe überhaupt schon die letzten beiden Winter hier zugebracht, nur während der Sommermonate bin ich wieder in der Schweiz gewesen, und dann habe ich eine große Reise im Mittelmeer gemacht.

Daß Sie sich so glücklich und zufrieden fühlen, freut mich sehr für Sie. Mein Ansprüche an das Glück stimmen mit den Ihrigen nicht so ganz überein. Ich möchte Sie fast um Ihre vernünftige Lebensauffassung beneiden.

Mit bestem Gruß verbleibe ich

Ihre ergebene

Amalie von Olfingen.

Greifenstein

Sehr geehrter Herr von Ammer,

nachdem ich nun so lange Zeit ohne Nachricht von Ihnen bin, muß ich leider annehmen, daß Sie anderer Meinung geworden sind, und daß Ihnen der Briefwechsel doch zur Last fällt. Ihre Idee, mit mir zu korrespondieren, war wohl nur eine unüberlegte Eingebung des ersten Augenblicks, und nun wird es Ihnen schwer, sie zur Ausführung zu bringen, da Ihnen der innere Impuls dazu fehlt. Ich möchte Sie ernstlich bitten, mir dies ganz offen einzugestehen, denn ich hatte Sie doch schon von Anfang an um Offenheit gebeten. Ich hätte es vielleicht eher noch ertragen, wenn Sie schon gleich auf meinen ersten Brief nicht geantwortet hätten, eher als die Ungewißheit jetzt. In der Tat kenne ich mich nun gar nicht mehr aus. Sie sprechen zuerst von gegenseitigem Vertrauen, dann meinen Sie, ich würde Sie für aufdringlich halten, und was Sie mir schreiben, könnte mich langweilen, und nach dem ich Ihnen in meinem Brief vom 21. Mai diesen Zweifel genommen hatte, zögern Sie trotzdem so lang, mir ein Lebenszeichen zu geben.

Es ist mein Verhängnis, daß wir uns so wenig verstehen können. Schriftlich kann man sich nicht immer so aussprechen, wie man möchte, und leider können wir es jetzt mündlich nicht tun, da ich für einige Zeit hier bei meiner Tante bin, die recht hinfällig geworden ist. Die Pflicht, sie zu pflegen, hält mich zur Zeit auf dem Greifenstein fest. Alte Erinnerungen stürmen hier wieder auf mich ein.

Ich muß auf meine Annahme zurückkommen, daß Ihnen dieser Briefwechsel lästig fällt, denn ich ließ es doch wahrhaftig an Entgegenkommen nicht fehlen und bin so weit gegangen, als es einer Dame überhaupt erlaubt ist. Ich hatte den Mut, Ihnen meinen ersten Brief zu schreiben. Wenn Ihnen nun dieser Briefwechsel allenfalls peinlich oder auch nur im geringsten nicht angenehm ist, wenn Sie nicht aus eigenem Antrieb eine Aussprache wünschen, was ich bisher annehmen mußte, so erwarte ich von Ihnen, daß auch Sie den Mut haben, es mir nicht zu verheimlichen, denn von Ihnen wären mir äußere Höflichkeitsrücksichten unerträglich.

Mit bestem Gruß verbleibe ich

Ihre ergebene

Amalie von Olfingen.

München

Hochverehrtes Gnädiges Fräulein!

Wenn Sie diesen meinen Brief gelesen haben werden, sind Sie mir vielleicht nicht mehr böse, wie ich wohl hoffen darf. Es ziemt sich zwar, daß ich Sie um Entschuldigung bitte wegen meiner neuerlichen Saumseligkeit, jedoch geschieht das jetzt ohne das Gefühl der Reue, ganz im Gegenteil: ich preise diesen meinen Fehler, denn wenn ich Ihnen den versprochenen Brief, durch den ich erst eigentlich wieder in geistigen Kontakt mit Ihnen treten wollte, schon vor Empfang Ihres Schreibens geschickt hätte, so hätte ich den anders abgefaßt als den gegenwärtigen. Ich war nämlich bis heute unter dem Eindruck gestanden, daß Ihre Bereitwilligkeit, mit mir auf schriftlichem Wege einen Freundschaftsbund zu knüpfen, nur der Ausfluß Ihres Bedauerns über Ihre einstige schroffe Ablehnung sein sollte, gleichsam ein Pflästerchen auf die vor Jahren geschlagene Wunde. An ein tieferes Herzensbedürfnis hierzu hätte ich nach Ihren bisherigen Briefen noch nicht geglaubt, nur an eine Konzession, an das Vermeiden einer nochmaligen, wenn auch anders gearteten Abfuhr für mich. Erst Ihr gestriger Brief öffnet mir die Augen so recht. Er beweist mir die Irrigkeit meines ursprünglichen Verdachtes. Erst jetzt erkenne ich, daß Sie nicht lediglich Ihr einstiges Verhalten gegen mich wieder gutmachen wollen, daß es Sie wirklich nach einem Lebenszeichen von mir verlangt. Diese Erkenntnis macht es mir möglich, meinen Brief auf einen anderen Ton zu stimmen.

Es ist kein Verhängnis, daß wir uns so wenig verstehen können, nein, wir können's, wenn wir nur ernstlich wollen. Ich verkenne dabei keineswegs die Schwierigkeit, die aus dem großen Unterschied der Psyche von Mann und Weib erwächst. Gewiß gibt es manches, was der Mann am Weibe nicht so leicht versteht, und umgekehrt, doch soll und das nicht hindern, den Versuch zu machen, zu gegenseitigem Verstehen zu gelangen. Mich zieht das Weib nicht lediglich physisch an, vielmehr ebenso stark auch psychisch. Ohne diese Anziehung wäre mir die Welt öde und leer. Darum ergreife ich mit Freuden die Gelegenheit, das angebotene Freundschaftsband festzuknüpfen.

Es hat mich betrübt, aus einem Ihrer Briefe ersehen zu müssen, daß Sie sich nicht so glücklich fühlen, wie Sie's sein könnten. Ein leiser Unterton von Wehmut klingt daraus. Sie fühlen sich unbefriedigt, und ich schätze Sie nach allem auf das ein, was mit einem modernen Schlagwort einen "einsamen Menschen" nennt. Es fehlt Ihnen der geistige Anschluß an Gleichfühlende. Sie scheinen niemanden zu haben, gegen den Sie sich aussprechen könnten, sind das vielleicht auch nicht gewohnt; es fällt Ihnen nicht leicht. Etwas verschlossene Natur! Nun, es wäre mir Erfüllung eines Herzenswunsches, wenn ich Ihnen die Gelegenheit dazu bieten könnte und dürfte. Ich selbst rechne mich allerdings bis zu einem gewissen Grad ebenfalls zu den einsamen Menschen, insofern nämlich, als auch ich mich bisher nach einer ganz gleichgestimmten Seele vergeblich gesehnt habe, obgleich es mich keine so große Überwindung kostet, mich Leuten, zu denen ich Vertrauen habe, mitzuteilen. Ganz gleichgestimmte

Saiten in den Seelen der Menschen sind eben leider selten.

Ich möchte Ihnen nun zuerst entgegenkommen und Sie einen Blick in mein Innerstes tun lassen.

Es ist nicht leicht, mit einem Mädchen von Ihrer Erziehung und Ihrer Gesellschaftsstufe über gewisse Dinge zu reden, die eine nicht unwesentliche Rolle im Leben eines jeden Mannes spielen. Die Moral des Mannes ist nun einmal naturgemäß eine andere als die der Frau, allen Behauptungen vieler Frauenrechtlerinnen von heute zum Trotz.

Nach meinem Erlebnis mit Ihnen vor sechs Jahren, als ich annehmen mußte, daß Sie mir endgültig entschwunden seien, und ich nicht zu hoffen wagte, daß ich je wieder mit Ihnen in Berührung kommen könnte, hatte ich den Gedanken an einen Ehebund endgültig begraben. Es ist nun aber von der Natur so eingerichtet, daß ein normaler, gesunder Mann ohne das Weib nicht leben kann, und ein Künstler schon gar nicht. Ich behaupte sogar: Kunst ist in gewissem Sinn nichts anders als veredelte Erotik. Mein Beruf bringt es mit sich, daß ich mit vielen weiblichen Wesen der verschiedensten Art zu tun habe. Dabei kann man kein Mönchsleben führen, und ich bekenne mich freimütig für schuldig, Ihnen, meiner ersten und einzigen wahren Liebe, zwar nicht geistig, aber physisch die Treue gebrochen zu haben, wenn ich das überhaupt so nennen darf. Geistig sind Sie mir stets die einzige Geliebte geblieben, aber zur physischen Treue fühlte ich mich einer, durch unübersteigbare Schranken von mir getrennten Seelenbraut nicht verpflichtet. Vielleicht fällt es Ihnen nicht so leicht, einzusehen, daß solch ein "unmoralischer

Lebenswandel", wie die Spießbürger, prüde alte Jungfern und heuchlerische Frömmler sagen, bei uns Männern eine ganz andere Sache ist als beim Weibe, für das ja auch die Konsequenzen andere sind. Das Glück der ehelichen Liebe haben mir meine "erotischen Abenteuer", - wenn man das so nennen will - nicht ersetzen können, sie waren sozusagen nur Surrogat, aber sie haben mir körperliche Qualen, die ein heißes Blut dem Mann verursachen kann, gelindert. Ich weiß nicht, ob ein reines Wesen wie Sie dies wird mitempfinden können. Werden Sie mich nun verachten? Ich glaubte, Ihnen diese Beichte schuldig zu sein.

Über meinen äußeren Lebensgang ist nicht viel mehr zu sagen, als Sie ohnehin schon wissen. In künstlerischer Beziehung habe ich immerhin einige Erfolge gehabt; inwieweit ich sie verdiene, kann ich nicht selbst beurteilen; ganz gerecht wird das überhaupt erst die Nachwelt tun können.

Ich weiß nicht, ob Sie über das Vorkommnis unterrichtet sind, dessen Opfer ich im vergangenen Herbst leider geworden bin. Gelegentlich einer Einberufung zu den Herbstwaffenübungen des Regiments, bei dem ich als Reserveoffizier stehe, habe ich eine Beschwerdesache nicht nach den Buchstaben des Gesetzes sondern nach 'dem Rechte, das mit uns geboren ist', behandelt, was mir drei Monate Festungshaft eingetragen hat. Ich habe die Strafe noch nicht verbüßt, dies steht mir erst für den Juli bevor. Aus ihrer Art mögen Sie ersehen, daß es keine anrüchige, unehrenhafte Sache gewesen ist, auch keine moralisch verwerfliche.

Wollen Sie also auch fernerhin noch mit einem Menschen verkehren, der in so mancher Beziehung nicht auf dem Boden der nach seiner Überzeugung recht heuchlerischen, fadenscheinigen und verlogenen sittlichen Anschauungen der heutigen Gesellschaft steht, und der schon mit dem Strafgesetz in Konflikt geraten ist, so schreiben Sie mir wieder einmal; seien Sie aber großmütig und sammeln Sie glühende Kohlen auf mein Haupt, indem Sie mich nicht ebensolang warten lassen, wie ich Sie. Entschuldigen Sie, aber Sie haben denn doch auch mehr Muße als ich, der fieberhaft an der Vollendung eines Werkes arbeiten mußte, ehe man ihn einsperrt.

Nun können Sie mir aber wirklich nicht mehr vorwerfen, ich hätte mein Versprechen, mich Ihnen ganz offen und rückhaltlos anzuvertrauen, nicht gehalten. Kommen Sie jetzt nur ebenfalls heraus aus Ihrem Schneckenhaus! Sie brauchen sich nicht zu scheuen, auch ein Stückchen Ihrer Psyche vor einem Freund zu enthüllen, der's gut mit Ihnen meint. Es würde mich herzlich freuen, mit dazu beitragen zu dürfen, daß auch Sie sich weniger vereinsamt und glücklicher fühlen. Ich will gewiß tun, was ich vermag, aber es hängt jetzt davon ab, was Sie mir ermöglichen und gestatten, für Sie zu tun.

Also am 1. Juli muß ich meine Haft auf der Festung Oberhaus bei Passau antreten. Bis dahin kann ich mich ganz Ihnen widmen, denn meine Arbeit, die ich im Auftrag der Hamburg-Amerika-Linie auszuführen hatte, ist so gut wie beendet. Sollten Sie vorher einmal eine mündliche Aussprache mit mir wünschen, so bin ich auch dazu jederzeit bereit. Wir könnten uns ja vielleicht ganz unauffällig irgendwo treffen, am besten in einer der Pinakotheken, wo man erfahrungsgemäß nicht Gefahr läuft, von Münchner Bekannten beobachtet und gestört zu werden. Ich wage es jedoch nicht, Sie von mir aus dazu zu veranlassen, weil es Sie in den Augen der oben gekennzeichneten Gesellschaft, der sogenannten 'Welt', kompromittieren könnte. Nach meiner Anschauung wäre gewiß nichts dahinter, wenn zwei erwachsenen Menschen ohne Gouvernante harmlos miteinander verkehren. Doch das muß ich Ihnen überlassen. Ein Besuch im Haus Ihrer Eltern wäre wohl nach so langer Zeit im gegenwärtigen Augenblick etwas allzu auffällig, auch könnten wir uns dabei doch nicht ungestört unterhalten.

Haben Sie noch vielen, herzlichen Dank für Ihren Brief. Nächstens mehr.

Mit bestem Gruß Ihr ergebenster

Rudolf von Ammer

Greifenstein

Sehr geehrter Herr von Ammer,

für Ihr großes Vertrauen, das Sie mir durch Ihren gestrigen Brief bewiesen haben, danke ich Ihnen herzlichst. Ich bereue nicht, Ihnen nochmals geschrieben zu haben, ist doch dadurch dieser gänzlich unbegründete Verdacht zunichte gemacht worden.

Auf Ihren Brief will ich heute noch nicht näher eingehen. Ich möchte Ihnen zunächst nur versichern, daß ich Ihr Mißgeschick innig bedauere. Ich war über die Sache durch Herrn von Kallmann und die Zeitungsberichte anläßlich der Gerichtsverhandlung bereits ausreichend ins Bild versetzt. Ihre Handlungsweise gereicht Ihnen zur Ehre und erhöht in den Augen eines jeden anständig Denkenden nur die Achtung vor Ihnen. Ginge es nach dem von Ihnen erwähnten 'Rechte, das mit uns geboren ist', so hätten Sie eher ein Lob als eine Strafe verdient, doch 'von dem ist leider nie die Frage'.

Ich kehre morgen nach München zurück. Paßt es Ihnen, so wollen wir uns am 23. Juni um 10 Uhr vormittags in der Älteren Pinakothek treffen. Ich habe Ihnen viel mitzuteilen.

Es grüßt Sie

Ihre ergebene

Amalie von Olfingen.

München

Verehrtes, liebes Gnädiges Fräulein!

Es war mir am Schluß unserer gestrigen Unterredung unter dem Eindruck der Mitteilung, die Sie mir da gemacht haben, nicht möglich, meine Gedanken so zusammenzufassen, wie es notwendig gewesen wäre, um Ihnen all das zu sagen, was ich noch auf dem Herzen hatte. Nun, nachdem ich alles ruhiger überdacht habe, will ich Ihnen noch schreiben, was ich nicht mehr sagen konnte.

Das Bewußtsein, das mich bisher beherrschte, Sie ständen mir in Ihrem Herzen kühler gegenüber als ich jetzt erkannt habe, die Überzeugung, in der ich befangen war, daß Sie zwar Sympathie für mich gehabt, aber doch nicht eigentlich tiefer für mich gefühlt hätten, hat es mir schon vor sechs Jahren verhältnismäßig leicht gemacht, mich zu trösten. Schon mein Stolz hat es mir damals verboten, einem Mädchen lang nachzutrauern, von dem ich annehmen mußte, daß es mich nie wirklich geliebt habe. So ist es gekommen, daß ich bei anderen Frauen Trost gesucht und, wenn auch nicht in einem edleren Sinn, gefunden habe. In demselben Glauben bin ich noch immer gewesen, als ich Ihnen meine Briefe schrieb, und auch noch während des ganzen ersten Teils unserer gestrigen Unterredung.

Nun änderte plötzlich Ihr Geständnis, daß ich Ihnen schon von Anfang an durchaus nicht so gleichgültig gewesen sei, die ganze Sachlage, wühlt den alten

Schmerz wieder in mir auf! Ich bin seit unserer Zusammenkunft sehr niedergeschlagen. Hätte ich damals das ahnen können, was ich jetzt weiß, ich hätte alles darangesetzt, die bestehenden Hindernisse aus dem Weg zu räumen und hätte nicht so leicht von Ihnen gelassen. Was müssen auch Sie die Zeit über gelitten haben! Warum haben Sie nicht schon früher Worte gefunden für Ihr wahres Gefühl? Wie ganz anders hätte sich alles gestalten können! -

Ich darf Sie nun wohl bitten, alles, was ich Ihnen bisher geschrieben habe, von dem Gesichtspunkt aus zu betrachten, daß ich es einer mir vermeintlich kühl Gegenüberstehenden sagte. Sie werden dann vielleicht zu einem anderen Urteil über mein Gemüt kommen als das ist, das Sie mir gestern angedeutet haben. Hätte ich die Überzeugung gehabt, daß Ihr Herz mehr an der Sache beteiligt sei, ich hätte vieles anders, manches überhaupt nicht geschrieben. Es mußte Sie unter diesen Umständen gewiß schmerzen, daß ich z.B. in einem meiner ersten Briefe schrieb: "... ohne daß Sie befürchten müssen, abermals durch einen Liebesbrief von mir belästigt zu werden", oder wie es sonst so ähnlich hieß. Dies tut mir aufrichtig leid; Absicht war's nicht, Ihnen damit weh zu tun, es sollte nur ein kleiner Nasenstüber für ein Mädchen sein, das, wie ich glaubte, nicht viel von mir wissen wollte. Auch einiges in meinen anderen Briefen mußte Sie vielleicht kränken, ich würde es Ihnen heute gewiß nicht mehr schreiben.

Der Grund für Ihren seinerzeitigen Wunsch, den Briefwechsel mit mir nicht mehr fortzusetzen, wird mir jetzt erst verständlich, und vieles, was Sie geschrieben haben, bekommt ein anderes Gesicht. Liebe verlangt freilich nach mehr als nach verstandesmäßigem Gedankenaustausch. Ich denke und hoffe, daß nun auch Sie mich richtiger beurteilen werden. Bedenken Sie nur, daß ich keine Veranlassung zu haben glaubte, alles, was mit Gemüt zusammenhängt, besonders hervorzukehren.

Wir müssen nun wohl die Frage mutig anpacken, ob uns beiden überhaupt noch zu helfen sei. Es wäre Torheit, durch übertriebene Bedenklichkeit oder durch vielleicht recht überflüssige Zweifel aller möglichen Art uns abzuquälen und möglicherweise unser Glück zu verscherzen. Wollen wir uns ernstlich prüfen, ruhig und vernünftig alles überdenken, aber dabei auch nichts übereilen, darum bitte ich Sie inständig. Sollten wir uns, was ich jedoch nicht glaube, gegenseitig nicht ganz verstehen können, sollten wir, was ich nicht hoffe, zu der Überzeugung kommen, daß wir nicht völlig zusammenpassen, dann allerdings wäre es das beste, wir machten tapfer einen Abschlußstrich unter die Rechnung, und müßten wir auch dazu die Feder in unser Herzblut tauchen. Ich glaube jedoch nicht, daß es zu spät ist, alles noch ins richtige Geleise zu bringen und begrabe noch nicht alle Hoffnung.

Es grüßt Sie herzlich Ihr sehr bedrückter

Robert von Ammer

München

Sehr geehrter Herr von Ammer,

herzlichen Dank für Ihren Brief.
Ich weiß jetzt, daß der Glaube, ich hätte Ihnen immer ohne wärmeres Gefühl gegenübergestanden, Sie alles in einem anderen Licht sehen hat lassen. Hatten Sie wirklich keine Ahnung, daß dies nicht der Fall sei, seitdem wir wieder in Briefwechsel getreten sind? Der Eindruck dieses unseligen ersten Absagebriefes wirkte eben auch nach so langer Zeit noch immer nach. Das kann ich Ihnen nicht verdenken.

Sehr traurig macht es mich, daß Sie sich seit unserer Zusammenkunft so niedergeschlagen fühlen. Die verlorene Zeit wird ja nie zurückkehren, das empfinde ich schmerzlich.

Hat Ihnen unsere Unterredung keinen Schimmer einer freudigen Regung hinterlassen? Hätte Sie dieses briefliche Freundschaftsband, das Sie mit mir knüpfen wollten, wirklich ganz befriedigt? Ich kann ja nicht erwarten, daß Sie nach so langer Zeit wieder ein besonders warmes Gefühl für mich hegen. Bitte seien Sie ganz wahr und offen gegen mich; glauben Sie sich nicht durch das, was ich Ihnen gesagt habe, verpflichtet, nun auch mir entgegenzukommen, wenn es Sie nicht von ganzem Herzen dazu treibt. Sagen Sie mir lieber ehrlich, daß nun alles in Ihnen erstorben ist und nicht mehr wird erwachen können. Ich weiß, ich habe gar kein Recht darauf nach allem, was ich Ihnen zugefügt hatte, aber ich bekenne es trotzdem: nur eine warme, innige Liebe

könnte mich befriedigen und glücklich machen. Bitte prüfen Sie sich daher selbst und sagen Sie mir unumwunden, ob Sie glauben, daß dies längst erstorbene Gefühl wieder in Ihnen erwachen könnte. Verzeihen Sie mir, daß ich mich so offen ausspreche, aber es drängt mich so sehr, nur die volle Wahrheit von Ihnen zu hören. Was Sie mir über Ihr Leben während der Jahre unserer Entfremdung mitgeteilt haben, ist natürlich auch mir nicht ganz gleichgültig, trotzdem sage ich mir, daß mir da auch kein Recht zusteht, zu verurteilen, zu verlangen oder zu wünschen, daß Ihre Vergangenheit ganz frei von derartigem geblieben sei. Sie waren frei und Herr über sich selbst. Ich habe in meinem Leben schon zu viel gehört, um nicht zu wissen, daß jeder Mann, und besonders der Künstler, in solche Situationen gerät, ohne deshalb schlecht zu sein. Dies ist er nur, wenn er als kalter, herzloser Egoist Frauen unglücklich macht oder sie in brutalem Leichtsinn erniedrigt.
Doch, obwohl ich nicht engherzig denke, will ich damit nicht sagen, daß ich all diese traurigen Schwächen, die nun einmal in der menschlichen Natur liegen, so absolut selbstverständlich finde, und ich schätze es hoch ein, daß Sie als Mann ebenfalls ein Gefühl für dieses feinere Empfinden haben.

Ich habe Ihnen das Beste, was ich Ihnen hätte geben können, die Blüte meiner Jugend, vorenthalten; sie ist zwar ungenützt und ungekostet dahingegangen, aber trotzdem fühle ich nur allzugut, daß ich Ihnen an allem, was die äußeren Reize ausmachen, nun nur so wenig bieten kann.

Bitte bedenken Sie dieses wohl und schreiben Sie mir bald darüber. Wenn Sie wünschen, mich vor Ihrer Abreise noch zu sprechen, so bin ich gern bereit dazu.

Mit herzlichem Gruß

Ihre ergebene

Amalie von Olfingen.

München

Mein liebes Gnädiges Fräulein!

Herzlichen, innigen Dank für Ihren gestrigen Brief. Er hat viel von dem Druck, der auf mir lastete, hinweggenommen.
Freilich empfand ich Freude, als ich erkannte, daß Sie mich liebten, aber um so mehr drückte mich der Gedanke nieder, daß ich Ihrer so unwürdig sei. Ich fürchtete, Sie könnten mir meine Geständnisse, zu denen ich mich verpflichtet glaubte, nicht vergeben, ein reines Wesen wie Sie könne nimmer verstehen, was ich Ihnen gebeichtet habe. Ich war darauf gefaßt, daß Sie Abscheu vor mir empfinden würden, und ich schämte mich. Ich glaubte nicht anders, als dies müsse als ein neues Hindernis zwischen uns treten und uns zum Unheil werden. Ich kann Ihnen daher nicht genug danken, daß Sie sich mit so viel Edelmut darüber hinwegsetzen. Ich

hatte nicht gewagt, das zu hoffen. Ihre vorurteilsfreie Auffassung bewundere ich.

Dennoch, fühle ich mich auch durch Sie entsühnt, ganz hat mich das Gefühl der Unwürdigkeit noch nicht verlassen. Ich vermag den Blick noch nicht ganz frei zu Ihnen zu erheben. Ich muß mir erst die Buße auferlegen, dadurch, daß ich mich noch eine Zeitlang fern von Ihnen halte, mich zu reinigen. Die mir auferlegte Strafe für eine läßliche Gesetzesverletzung will ich als Strafe für jene tragischen Verfehlungen betrachten und zunächst einmal abbüßen. Darin allein liegt der Grund, warum ich dem Drang meines Herzens nicht sogleich folge, so hart mir's auch ankommt. Einzig deswegen bitte ich Sie inständig, nicht um eine 'Bedenkzeit', einer solchen bedarf ich nicht, sondern um eine Frist, bis ich mit dem Gefühl, Ihrer würdig zu sein, vor Sie hintreten kann.

So tue ich mir denn Zwang an und halte vorerst noch mein frivoles Versprechen, Ihnen keinen Liebesantrag mehr zu machen, bitte Sie auch nicht um eine nochmalige Zusammenkunft vor meiner Abreise am 30. Juni, hoffe aber zuversichtlich, daß in nicht sehr ferner Zukunft sich alles zum Guten wenden wird. Sie werden mich verstehen.

Noch die Antwort auf Ihre Frage: Die Erkenntnis, daß Sie mich wirklich liebten, kam mir tatsächlich ganz plötzlich während unserer Unterredung.

Ich hatte wohl aus Ihren Briefen ersehen, daß ich Ihnen nicht so gleichgültig sei, wie ich einst denken mußte, aber an wirkliche Gegenliebe habe ich lange nicht glauben können. Ganz befriedigt hätte mich der freundschaftliche Briefwechsel gewiß nicht, es war mir jedoch ein Herzensbedürfnis, nachdem wir uns ausgesöhnt hatten, mit Ihnen in Verkehr zu bleiben und nicht sofort wieder eine Entfremdung eintreten zu lassen.

Auf alles andere, was Sie schreiben, kann ich aus den oben geschilderten Gründen vorerst nicht eingehen, dafür eben bitte ich Sie um eine kurze Frist. Aber danken möchte ich Ihnen dafür, danken aus tiefstem Herzen! Mehr nicht für heute.

Für ein Lebenszeichen wäre ich Ihnen stets dankbar, wenn es auch nur ein kurzer Gruß ist.

Seien Sie guten Mutes und vergessen Sie nicht

Ihren Sie innigst grüßenden

Robert von Ammer

München

Lieber Herr von Ammer,

Ihren gestrigen Brief, für den ich Ihnen herzlichst danke, beeile ich mich zu beantworten, um Ihnen zu sagen, daß ich Sie ganz verstehe und es auch nachfühlen kann, daß Sie den Wunsch haben, jetzt nicht mit mir nochmals zusammenzutreffen. Die Zeit wird Ihnen über die peinlichen Gedanken hinweghelfen.

Ich möchte Ihnen nur kurz sagen, daß ich Ihren Nachrichten stets mit Freude und Interesse entgegensehe. Schreiben Sie mir nur immer alles, was Sie bewegt. Wir brauchen nun keine Mißverständnisse mehr zu fürchten, da wir endlich volles Vertrauen zu einander gewonnen haben und uns verstehen.

Mit herzlichem Gruß verbleibe ich

Ihre getreue

Amalie von Olfingen.

Festung Oberhaus

Mein liebes, Gnädiges Fräulein!

Seit ich hier auf der Festung bin, wo man so viel mit sich allein ist, sind meine Gedanken, ich möchte fast sagen ununterbrochen bei Ihnen. Immer stärker ergreift mich eine mächtige Sehnsucht nach Ihnen. Ich kann nicht anders, als diesem Zustand der Ungewißheit ein Ende zu bereiten, zumal da ich mir vorstelle, daß auch Sie sicherlich eine baldige Entscheidung herbeiwünschen.

Ich bin zu der festen Überzeugung gelangt, daß wir beide sehr wohl recht glücklich miteinander werden können. Ich habe eine sehr hohe Auffassung von der Ehe; sie bedeutet für mich das völlige Ineinanderaufgehen zweier liebenden Gatten, den engsten seelischen Zusammenschluß, den man sich vorstellen kann, nicht bloß ein Teilen von Leid und Freud und ein nebeneinander Dahinleben, vielmehr innigte Gemeinschaft im ganzen Fühlen und Denken. Bitte, bedenken Sie das wohl! Und nun richte ich an Sie die ernste Frage: glauben Sie, sich so eng an mich anschließen zu können, vermögen Sie sich so völlig mit mir zu verbinden? Wenn ja, so bitte ich Sie um Ihre Hand, und wir wollen dann recht, recht glücklich miteinander leben, so glücklich, wie man's nur immer auf Erden sein kann.

Ich bin bereit, Ihnen alles zu geben, was in meinen Kräften steht; ich verzichte gern auf meine bisherige Unabhängigkeit und Sorgenlosigkeit, wenn ich nur bei Ihnen finde, wonach es mich mein ganzes bisheriges

157

Leben über verlangt hat: eine liebende Gefährtin fürs Leben. Ich will meine ganze Befriedigung darin finden, Sie glücklich zu machen, und will außer für meine Kunst nur noch für Sie leben.

Ich hatte meine frühere Liebe zu Ihnen ertötet, weil ich keine Hoffnung mehr hatte, und weil ich - ich gestehe es offen - Sie für kälter hielt, als ich Gottlob später erkennen mußte. Sie haben mir bewiesen, daß ich mich darin geirrt hatte, so ist meine Liebe wieder zu neuem Leben erwacht. Ich bin nicht einmal mehr so sehr betrübt darüber, daß wir uns nicht schon früher gefunden haben, denn ich fühle, daß meine Liebe jetzt eine ausgereiftere, mehr geläuterte ist als damals. Zwei gereifte Menschen können sich in allem besser verstehen, damit verknüpft sie ein festeres Band.

Noch ein Umstand läßt mich so empfinden: es fällt mir heute leichter, mich um Ihre Hand zu bewerben, als vor sechs Jahren, denn damals war ich noch ein armer, unbekannter Maler, der sich dem Verdacht hätte aussetzen müssen, durch eine Ehe mit einem wohlhabenden Mädchen bessere Vermögensverhältnisse anzustreben. Meine Kunst hat mich mittlerweile auf eigene Füße gestellt, so daß ich aller materiellen Sorgen enthoben bin und gut eine Familie unterhalten kann.

So teilen Sie mir denn, bitte, Ihre Entscheidung mit; schreiben Sie mir, sobald Sie mit sich ins reine gekommen sind, oder telegraphieren Sie mir nur: ja, wenn Sie sich geprüft und Ihren Entschluß gefaßt haben, und dann soll uns nichts mehr trennen als der Tod! --

Ich muß es Ihnen anheimstellen, Ihren Eltern Mitteilung zu machen, wenn Sie sich für mein Glück entschieden haben sollten, halten Sie es jedoch für besser, daß ich das selbst tue, so will ich sofort bei Ihrem Vater schriftlich um Ihre Hand anhalten. Persönlich könnte ich das ja erst im Oktober tun.

Das wird sich alles noch finden, zunächst wäre ich schon überglücklich und beruhigt, wenn ich nur Ihr Jawort hätte.

Mit Sehnsucht Ihrer Antwort entgegenharrend grüßt Sie innigst

Ihr
Robert von Ammer

Nachwort des Verfassers.

Den Briefen, wie ich sie hier wiedergegeben habe, liegt ein Telegramm bei, es ist an meinen Freund gerichtet, datiert vom 11.7.14, und enthält nur die beiden Worte: Ja! Amalie.

Mit der Mobilmachung wurde mein Freund amnestiert und schleunigst zu einem auf den Kriegsschauplatz im Westen abrückenden Landwehr-Infanterieregiment als Kompanieführer einberufen.

Auf eine Kriegstrauung haben die beiden Verlobten in gegenseitigem Einvernehmen verzichtet.

Fräulein von Olfingen stellte mir kurz vor ihrem vor nicht langer Zeit erfolgten Ableben noch den folgenden Brief zur Verfügung, den sie am Tag des Abmarsches ihres Bräutigams ins Feld von diesem erhalten hatte:

Geliebte!

Also heute rückt mein Regiment an die Front ab; wohin wir kommen, wissen wir noch nicht, es wird streng geheimgehalten. Du erhältst so bald wie möglich weitere Nachricht.
Mit welchen Gefühlen ich ins Feld ziehe, brauche ich Dir wohl kaum zu schildern. Als Mann bin ich stolz darauf, daß ich berufen bin, mein Vaterland zu verteidigen. Daß dies gerade in dem Augenblick sein muß, da uns das Schicksal endlich zusammengeführt hat, daß wir, eben im Begriff, uns zu vereinigen, abermals auseinandergerissen werden, ist eine der vielen uns Menschen unergründbaren Fügungen jener höheren Gewalt. Es ist grausam und überaus schmerzlich, doch müssen wir's in Ergebung hinnehmen. Sei stark und gib Dich dem Schmerz nicht zu sehr hin! Auch mir will das Weh die Brust zerreißen, ich muß es zurückdämmen, um der Erfüllung höherer Pflichten willen. Was bedeutet jetzt noch ein einzelnes Menschenschicksal, wo das Los von Völkern auf dem Spiel steht?

Sei hoffnungsvoll! Ich habe die feste Überzeugung, daß uns das Schicksal nicht auf ewig trennen wird. Das hält mich aufrecht, es soll auch Dir eine Stütze sein. Zwei

Wesen, die so zu harmonischer Ergänzung zueinander drängten wie wir, die über Räume und Jahre hinweg allen Widerständen zum Trotz sich fanden, kommen immer wieder zusammen, und sei's auch erst in jenem unbekannten Jenseits, dahin jetzt nur unser Ahnen dringen kann.

Und will uns das Schicksal schon hienieden wieder vereinigen, wie wollen wir dann glücklich miteinander sein, doppelt glücklich nach dieser neuen Prüfung!

Fasse Dich in Hoffnung und Geduld! Und nochmals: sei stark, komme auch, was da will!

Dank für all Deine Liebe und Treue, tausendfachen Dank! Es küßt Dich, Geliebte, innigst

Dein
    Robert

Ich habe nicht viel mehr beizufügen.

Am 22. September 1914 wurde mein Freund in den Vogesen durch einen Granatsplitter schwer verwundet. Seine Braut eilte auf die Nachricht hin nach Kolmar, wo der Verwundete im Lazarett lag, um ihn zu pflegen.

In seinen Fieberphantasien beschäftigten ihn viel die Gestalten von Grünewalds Isenheimer Altar. Am 28. September sagte er, man solle die Türen weit aufmachen, damit er die Engel besser sehen könne, die zwischen dem Rankenwerk hereindrängten. "Horch nur, Amalie - wie schön - die Musik! - Maria hat Hochzeit. - Sie singen dem Jesuskind. - Schau, wie der Schmerzensmann sich in Licht auflöst! - Dank. Geliebte!" Das waren seine letzten Worte, dann griff er nach der Hand seiner Braut. Bald darauf hauchte er in den Armen Amaliens seine Künstlerseele aus.

Eine zweite, noch schönere Fertigung seines Christophos als die ursprüngliche hat mein Freund seiner Braut vermacht.

Amalie von Olfingen hat ihrem Verlobten Zeit ihres Lebens die Treue gehalten. Nun ruht sie, ihrem letzten Willen gemäß, an der Seite des Geliebten, dessen sterbliche Reste sie aus Kolmar zur Bestattung in der Heimaterde hat kommen lassen.

Ob sich die Liebenden 'drüben' gefunden haben, ob sie das Schicksal in einem neuen Leben wieder zusammenführt, kein Sterblicher kann es ergründen.

Aus „Seltsame Geschichten" von

von Karl von Schintling   Staudach am Chiemsee

Frei sein

"F r e i ! Meine Freude über meinen neuen Zustand – tot
für die Menschen und doch ganz wach und munter – lässt
sich kaum beschreiben. Nun war ich also nicht mehr der
von jeder Laune eines Vorgesetzten abhängige
Staatsklave, kein von Sorgen und Krankheit geplagter
Mensch mehr! Die Meinungen, die Ungezogenheiten,
Dummheiten und Bosheiten anderer gingen mich nichts
mehr an. Frei und unabhängig war ich wie der Vogel in
den Lüften, frei auch von aller Körperlichkeit und was
damit an Widerwärtigkeiten und Bedürfnissen
zusammenhängt. Wohlan denn, so wollte ich diese meine
Freiheit auch in vollen Zügen genießen. In der
Krankenstube hatte ich mich nachgerade lange genug
aufgehalten. Hier hatte ich nichts mehr zu suchen. Es zog
mich mit Gewalt hinaus ins Freie. Um aus dem Zimmer
zu kommen, bedurfte ich keiner Türe und keines
Fensters. Der Wille genügte, und sogleich, ohne dass ich
mir Rechenschaft geben konnte, wie es zuging, schwebte
ich über den Dächern der Häuser. Früher war ich
schwindlig gewesen, jetzt empfand ich keine Spur von
Schwindel mehr. Im Nu saß ich droben auf der Kuppel
eines der beiden Frauentürme, neben dem Knauf. Ich
blickte herab auf meine liebe Vaterstadt. Wie unendlich
lächerlich kam mir das Gewühl und Gehaste in den
Straßen vor. Hier lag das Amtsgebäude, wo ich so lange

Jahre gearbeitet hatte. Da plagten sich jetzt meine Kollegen und Vorgesetzten mit allerlei Quark ohne dauernden Wert ab, als könnten sie auch nur das Geringste am Lauf der Dinge ändern. Dort, unter der großen Kuppel, stritten sich die Leute herum, was Recht und Unrecht sei, als ob das auch nur einer von allen den gelehrten Herren wüsste. In jenem Gebäude mit dem stolzen Namen „Universität“, wo auch ich so manches Semester die Schulbank gedrückt, sprach man gescheit über Dinge, die doch in des Menschen Hirn nicht passen. Draußen, im Westen der Stadt, auf der weiten Wiese, mühte man sich ab, Truppen auszubilden, die Vernichtung des Menschen durch den Menschen zu organisieren, – schade um den Aufwand an Zeit und Energie! – und ringsumher qualmten die Kamine der Fabriken und Werkstätten, in denen Tausende Tag für Tag werkten und die eintönigsten Arbeiten verrichteten, um Gegenstände hervorzubringen, die mehr oder minder überflüssig sind, und die doch keiner mitnehmen kann, wenn es ihm nach einer kurzen Spanne Zeit ergeht, wie es mir eben ergangen war. Mein Blick wandte sich ab und schweifte gen Süden, dorthin, wo sich in blauer Ferne die Kette der Berge ausdehnt. Zu deren Füßen schimmerte der See, an dessen freundlichen Gestaden ich so oft und so gern geweilt. Der lockte mich auch jetzt wieder, so verließ ich denn meinen luftigen Sitz, strich wie ein Vogel über die Häuser hinweg, dann ging es querfeldein über Wiesen und Äcker, ich ließ mich ein paar Mal in den Schatten von Wäldern hinabsinken, hob mich wieder über die Wipfel der Bäume empor, und befand mich nach kurzer Zeit am Ufer des Sees. Da schaukelten die Segelboote unseres Klubs, und zerrten ungeduldig an ihren Bojen. Aber diesmal hatte ich nicht nötig, eines davon klarzumachen; leichter und schneller als ein Segler schwebte ich über die Wellenkämme hin, hinaus auf die weite Wasserfläche. Ein paar Möwen, die das Dampfschiff umkreisten, konnte ich mühelos einholen. Dann tauchte ich, ohne nass zu werden, ins Wasser und haschte nach einem langen Hecht, der tief unten am Seegrund stand und vor sich hin glotzte. Der machte sich aber gar nichts aus meiner Berührung, sondern ließ sich in seiner philosophischen Ruhe nicht stören. Bald hatte ich das jenseitige Ufer erreicht. Dort leuchtete mir aus frischem Grün die weiße Mauer der Villa eines Bekannten entgegen. Es wandelte mich die Lust an einzutreten. Der Hausherr saß mit seiner Familie gerade beim Mittagessen. Wie das komisch war, Menschen essen zu sehen! Der Braten war eben serviert, da überbrachte ein Bote meinem Freund auf einer silbernen Platte ein Telegramm. Der öffnete es und las. „Um Gotteswillen, was ist denn passiert?“, frug seine Frau. „Ach, der Staudacher ist nun endlich gestorben. Übrigens, ich hatte soeben an ihn gedacht“, antwortete der Gatte und griff nach der Salatschüssel. „So, so“, sagte die Frau, „bin ich erschrocken; ich dachte schon, es sei ein Unglück geschehen.“ „Freitag, Samstag, Sonntag“, zählte der Mann an seinen Fingern ab, „da muss ich also am Sonntag zur Beerdigung in die Stadt fahren. Na, es macht nichts, wir haben damit wenigstens einen triftigen Grund, um den langweiligen Müllers abzusagen, die am Sonntag herauskommen wollten. – Übrigens, lasse mich nicht vergessen, dass ich gleich morgen einen Kranz bestelle.“ „Du wirst doch nicht mehr wieder einen so teuren nehmen wie das letzte Mal“, meinte die Hausfrau, „so um drei bis vier Mark, das genügt vollkommen; man bekommt darum schon etwas ganz ordentliches.“ „Fällt

mir doch gar nicht ein, viel Geld auszugeben, es sind ja
gar keine näheren Verwandten da“, erwiderte mein
Freund, und schob ein Stück Braten in seinen Mund.
„Spare dir dein Geld ganz, wenn du mir einen letzten
Gefallen tun willst“, sagte ich, er hörte es aber nicht.
Überzeugt, dass ich hier überflüssig sei, setzte ich
meinen Weg fort und beschloss, meine neuerlangte
Behändigkeit für eine Bergpartie auszunützen, denn das
Gebirge liebe ich von jeher über alles. Diese Freiheit, frei
sein, ist für uns Christen schwer zu verstehen. Wir
müssen daran glauben. Wissenschaftlich können wir es
nicht beweisen.“

Auszug aus den drei **„Gedichts- und Fabelreihen"**
von Karl von Schintling, Staudach

Die beiden Esel

Ein finst'rer Esel sprach einmal
Zu seinem ehelichen Gemahl:
Ich bin so dumm, Du bist so dumm,
wir wollen sterben gehen, kumm.
Doch wie erstaunt man öfters eben,
die beiden bleiben selig leben.

Das ästhetische Wiesel

Ein Wiesel saß auf einem Kiesel
inmitten Bachgeriesel.
Wißt ihr, weshalb? Das Mondkalb verriet es mir
Im Stillen.
Das raffinierte Tier
Tat es um des Reimes Willen.

Der Dachs

An einem schönen Spätherbsttag
Vor seinem Bau im Walde lag
Ein dicker Dachs im Grase.
Da kam des Wegs ein Hase.
Der grüßt, und fing zu plaudern an,
dass nun der Winter naht heran,
die böse Zeit, die arge.
Das mache bange Sorgen ihm,
sei schon die grimme Kälte schlimm.

Die Nahrung gar, die karge,
Baumrinde und ein bischen Moos,
statt saftiger Gräser gibt es bloß,
das sei kaum auszuhalten,
so jammert er dem alten,
behäbigen Dachs sein Klagelied vor.
Der sagt, das ficht mich wenig an,
glaubst Du, dass es mich jemals fror?
Sobald die Kälte naht heran,
da frier´ und hunger´ Du nur brav.
Ich mache meinen Winterschlaf
in meinem warmen Bett
und zehr´ von meinem Fett.

Der Hund

Als Noah's Arche gelandet war,
da hub ein Streit an unter den Tieren.
Nach Rang und Würden wollte man doch
Hinaus aus dem Tor ins Freie spazieren.
Da jedes den Vortritt für sich begehrt,
hat man sich bei Vater Noah beschwert.
Der sann eine kurze Weile nach.
Dann sprach er: Es gehe das Tier voran,
das während unserer langen Fahrt
in Freundschaft am meisten mir zugetan.

Doch andererseits säh´ noch von manchem ich gerne,
dass möglichst schleunigst es sich entferne.
Und so bestimmt er, dass jedes Tier
Beim Austritt ein anderes mit sich führe,

das loszuwerden als lästigen Gast
erwünscht sei, der Vortritt aber gebühre
dem treuesten Menschenfreund, dem Hund.
Das tat Vater Noah den Tieren kund.
Als solche Botschaft der Hund vernahm,
da sprang sogleich mit vergnügtem Gebelle
schweifwedelnd allem Getier voran,
er über der Archentüren Schwelle.
Halt nicht so eilig, reif Noah ihm nach.
Du weist doch, dass ich von Bedingungen sprach.
Da kratzte sich der verschmitzte Gesell'
den Floh und die Flöhin aus seinem Fell.

Affen

In einem Käfig befanden sich einst
zwei Affen, die hatten gar feine Manieren.
Wenn einer den anderen zu lausen begann,
so sagte er stets: Komm, laß` dich frisieren
s´kommt alles nur auf die Bezeichnung an.

Mildtätigkeit

Was piepsest Du denn so jämmerlich,
sagt zur Grasmücke die Kuckuckin.
Ach, denke Dir nur, in meinem Nest
Liegen nur Eierschalen noch drin.
Der böse Marder ist drüber gekommen
Und hat meine Eier zu sich genommen.
Das ist in der Tat bedauerlich,
meinte voll Mitleid die Kuckuckin.
Der Schaden indes sich beheben lässt,

gib acht, gleich sind wieder Eier drin.
So, Liebste, nun tröste Dich, sei wieder heiter,
setz´ Dich, und brüte schön fleißig weiter.

Der Kater

Liebesdurstig schleicht ein Kater
nächtens längs der Gartenmauer.
Nach der Katze schmachtend liegt er
Lang vergeblich auf der Lauer.

Und ein echter Minnesänger,
Liebesleid und brünstig Sehnen
werden ihm zu einem Liede
in gar jammervollen Tönen.

Plötzlich unter lautem Fluchen
wird ein Fenster aufgestoßen,
und dem Sänger wird von oben
etwas auf den Pelz gegossen.

Menschen haben von den Dingen,
die auf andere sich beziehen,
just für fremde Liebesnöte
die geringsten Sympathien.

Darum rat´ ich dir, den Kummer
Still im Herzen zu verschließen,
deine schönsten Melodien
wird man mitleidslos begießen.

CHINOISERIEN.

(Verse in altchinesischem Stil)

Übersetzt von Karl von Schintling.

1. CHINOISERIEN

Vom Reich der Mitte kehrte ich zurück;
die Freunde frugen mich, was ich erlebte.

Was ich erlebt? – Chinesen sah ich dort
und ich erlebte Chinoiserien.

2. FLUG.

Vor der Schenke saß Li-Tai-Pe
blickt' empor zum felsigen Gipfel,
wo ein Adler seine mächtigen
Schwingen breitet', seine Kreise
hoch und immer höher zog.

Armer, erdgebundner Vagel,
sprach der Dichter, "zu den Wolken
nur vermagst du dich zu heben,
ich jedoch bis zu den Sternen!"
Und er leerte seinen Krug.

3. TAO.

Kam zu Laotse einst ein Mann
und bat: nVergönn mir, aus dem klaren Bronnen
d.er Weisheit einen Trunk zu tun;
an deines Geistes Strahl will ich mich sonnen.
Lehr', Meister, mich, des Daseins Sinn verstehen!"

Da sprach Laotse: nNicht im Sehall
und Sinn der Worte läßt der Geist sich fassen,
erfühlen nur kannst Tao du;
nicht lehren kann ich, nur erleben lassen
die Kunst dich, höchsten Wissens Weg zu gehen.

Ein Kästchen nahm Laotse. Ein Kristall
lag drinnen, wasserhell und klar.
In dieses Steines Wesen such' das All,
den Geist, das Leben und Gesetz zu sehen.
Fülhlst du dich schauend in sein Wunder ein,
wird Tao dir erschließen dieser Stein.
Dann geh und richte darnach ein dein Leben;
mehr kann Laotse nicht, kein Gott dir geben.

4. WECHSEL.

Du grämst dich ob des Wechsels allen Seins?
Der du Verlorenes beweinst, bedenke:
du bist schon nicht mehr der, der es verlor!

5. TAG.

In den Wäldern, die, der Täler
langgestreckten Rinnen folgend,
nur die halbe Bergeshöhe
zu erklimmen wagen dürfen ,
dämmert es noch kaum. -

Da, plötzlich,
läßt mein Pfad durch eine Lücke
mich den fernen Gipfel schauen.
Rötlich strahlend, hell, im jungen
Sonnenlicht, ragt er gen Himmel,
triumphierend ob des Sieges
über Nacht und Finsternisse. _

Immer tagt es auf den Gipfeln
früher als in Niederungen.

6. DER WEISE

"Gibt es denn das, daß Menschen in die Zukunft
zu schau'n vermögen?" frug ich Pe-Fu-Tschang.

Da sprach der Weise, lächelnd, mit Bedeutung:
„'s gibt überhaupt gar nichts, was es nicht
gibt!"

7. MEINE LAUTE.

"Meine lange Laute, sag' mir,
woraus glaubst du daß sie ist?" -

"Ei, gewiß, wie alle Lauten,
hat aus Holz man sie gefertigt."

Ja, so scheint es fiir das Auge,
aber, lausche ihren Tönen,
und du hörst, sie ist aus Gold."

8. ICH WEIß ES NICHT.

Wird wohl der Baum, der jetzt voll Blüten steht,
im Herbst mit süßen Früchten mich beglücken?

Ich weiß es nicht.

Gibt mir dein lieblich Lächeln wohl ein Recht,
Erfüllung meiner Wünsche zu erhoffen?

Ich weiß es nicht.

Wird meines Lebens sehnsuchtsvoller Traum
noch Wirklichkeit, eh' mich ereilt der Tod?

Ich weiß es nicht.

9. DAS WIEGENLIED.

Auf des Hwang-ho Wellen, die im Mondlicht,
geschmolznem Silber gleich, sich glitzernd
kräuseln,
läßt sich, in seinem kleinen Nachen liegend,
der greise Dichter schaukeln, und zur Laute
singt leise er ein altes Wiegenlied,
mit dem vor langen, langen Jahren einst,
als Kind, die Amme ihn in Schlaf gesungen.

10. SINGVÖGEL.

Der kleine Vogel, den du mir gesandt,
sang mir ein Lied, das du ihm Vorgesungen,
doch, als ich ihn liebkosen wollte, hat
er in den blauen Äther sich geschwungen.

Es haben leider gar zu schnelle Schwingen
die lieben kleinen Vögel, welche singen.

11. SEIDE.

Zu der Pagode stieg ich jüngst empor,
die über hundert weißen Jadestufen

hoch oben auf dem heiligen Hügel thront,
dem mächtigen Gott Verehrung dort zu zollen.

Da kam ein leises Rauschen mir entgegen;

die Jadestufen streifte ein Gewand
von lichter Seide, und ein Augenpaar,
zwei schwarzen Kirschen gleich, senkte sich tief
in meine Augen.

Ich vergaß den Gott
in der Pagode, wandte mich nach abwärts,
dem seidenen Geknister nachzufolgen;
es zog mich an wie Eisen der Magnet.

12. SEI AUF DER HUT

Sei auf der Hut du, die mich hat behext!
auch ich versteh' mich auf die Zauberkünste.
Nun werd' ich, eh' du dich's versiehst, verwandeln
in deinen Spiegel mich, in dem Gemach
wo du dich schmückst für deine Zaubereien.
So werd' ich rächen mich. - Sei auf der Hut!

13. DER FREUND.

Die letzte Flasche war geleert; wir brachen
nun auf. Die sterne waren uns Geleit
auf dem Nachhauseweg; hell schien der Mond.

Vor seiner Tür reicht' ich die Hand dem Freunde
und sprach: „Die nächsten Tage wirst du wohl
mich missen, denn ich halte Hochzeit morgen;
deswegen ••• , du begreifst ••„,

Er blickte lang

mir in die Augen, sagte dann bewegt:
ich wußt' es längst, du bist nicht treu dem
Freunde,
doch ich verstehe ••• , und so leb' denn wohl!"

14. DIE PERLE

Solang die Perle auf dem Grund des Meeres
in ihrer Muschelschale schlummerte,
glich sie Gedanken, die nicht Tat geworden.

Erst als der Fischer sie ans Licht gebracht
und ausgebrochen, ward sie zum Juwel.

Und nun, an deinem Hals, im Wettstreit mit
des weißen Busens Schimmer, sieh! erwacht,
durchpulst von Wärme, plötzlich sie zum Leben.

15. EINERLEI

He, Schenke, füll noch einmal mir den Krug!
Es ist ja gleich, ob ich vom Weine toll,
ob toll von Liebe bin; - geh, füll den Krug!

16. DER SCHMETTERLING.

Der Schmetterling, der auf die Hand dir flog,
kam von den weiß und roten Pfirsichblüten;
so lieblich sie auch sind, mich wunderts nicht
daß er sie ließ, kaum daß er dich gewahrt.

17. DER SCHULDSCHEIN.

Einst sollte einen Schuldschein Li-Tai-Pe
dem Freunde schreiben , der ihm ausgeholfen;
doch, was ihm aus dem Pinsel floß, das war
ein lustig Lied zum Preis der Trunkenheit.

18. REIGEN.

Durch mein Fenster sah ich zu den muntern
Spielen junger Mädchen in dem Garten,
und es fiel mir schwer, zu unterscheiden
Rasen, Anfelblüten, Blumen, Mädchen.

19. KEIN "ODER", - „UND!“

"Sag mir, woran erfreut dein Herz sieh mehr,
wenn blütenübersät der Kirsehbaum prangt
im Lenz, oder wenn seine süßen Früehte
im Sommer er dir beut?“

"Törichtes Weib,
das also fragen kann! Natur ist weiser,
sie schenkt den Blütenblust mir und die Frucht."

20. WETTERSTURZ.

Wenn sacht der Südwind durch die Bambusruten
mit leisem Säuseln strich, im Röhricht sich,
am Weiher, ganz geheimnisvolles Rauschen
erhob, so stimmt' ich darnach meine Saiten.

Heut aber stimm' ich nach dem Nordwind sie,
der eisig durch die dürren Äste pfeift;

wie Wirbelsturm soll meine Laute klingen,
Wie Sturm, der Bäume aus der Erde reißt,
heut, wo Fey -Yen wird eines Andern Weib!

21. BLÜTEN.

Die Biene fliegt am Pfirsichbaum vorbei,
der unter meinem Fenster abgeblüht,
hinüber zu dem Apfelbaum, wo frisch
noch weiß und rote Blüten knospend schwellen.
Sie küßt die Blüten, wie das Liebespaar
dort unter jenem Apfelbaum sich küßt;
von meinem abgeblühten Baum wollt' sie nichts
wissen.

22. PERLEN.

Die Perlen, die er einstmals mir geschenkt,
ich habe sie den grausamen Dämonen
des Stroms geweiht, der ihn mir jäh entriß.
Mich schmücken fürdar nur noch Tränenperlen.

23. SPIEL.

Sinnend sah ich sie im Garten wandeln;
in die Ferne war ihr Bliek gerichtet,
ihre Finger spielten mit der Rose
und zerpflückten ihre Purpurblätter,
achtlos sie auf Weg und Rasen streuend.

Wußte ihre Seele"was sie tat?

24. FRAGE AN DEN MOND.

Ich frug den Mond, ob er mein Liebchen schaue
in jener fernen Stadt;

er aber schwieg,
gab Antwort nicht dem sehnsuchtsvollen Frager.
Er wollt' mich schmerzen nicht, der gute Mond.

25. DAS GELBE SEGEL.

Dort schwankt das gelbe Segel auf den Wogen,
geschwellt vom Wind, der es mir rasch entführt;
bald wird es nun am Horizont verschwinden,

Dann werd' ich Tag für Tag am Ufer stehen,
voll Sehnsucht blickend auf das weite Meer,
und von dem lieben, gelben Segel träumen,
bis es sich endlich, endlich wieder zeigt,
das schöne, windgeschwellte, gelbe Segel.

26. STIMMUNG.

Leise plätschernd, durch das Schilf, am seichten
Uferrand des Sees ein Nachen gleitet.
Aus der Ferne tönt, mit sanftem Flöten
eines Vogels Minnelied herüber.

Lauschend legt die Schifferin das Ruder
aus der Hand, und von der Ruderschhufel
träufelt es wie Tränen auf das Wasser.

27. GEFANGEN.

Ich habe nie dein Antlitz noch erblickt,
und dennoch lieb' ich dich, wie ich den Vogel,
der mir, im Busch verborgen, Lieder singt,
ob seiner Kehle süßen Schmelzes liebe.

Nun zapple ich im Netze wie der Fisch,
umstrickt von deiner holden Stimme Reiz.

28. ZERRISSENE SAITEN.

An meiner Laute riß mir eine Saite;
ich spannte eine neue auf, sie klang
so hell und rein wie die, die sie ersetzt.

Ach, könnt' ich doch erneuern auch die Saite,
die mir in meinem wehen Herzen sprang!

29. UNBESCHREIBLICHKEIT.

Ach, vergeblich such' ich Worte,
zu beschreiben deine Anmut;
matt sind meine Verse gegen
solchen Liebreiz der Erscheinung
dem kein Gleichnis nahekommt.

Frevel deucht es mich, die hehre
Göttlichkeit mit irdischen Mitteln
schildern wollen.

Meine Laute
leg' ich also nun beiseite,
und ich schließe lieber selbst sie
in die Arme, dieser holden
Göttin Unbeschreiblichkeit.

30. DIE VERBLICHENE STICKEREI.

Ich hatte längst nicht mehr an sie gedacht,
an jene Stickerei aus bunter Seide,
die einstmals ich empfing als Unterpfand
der Liebe, bis der Zufall eines Tages
sie in die Hände wieder mir gespielt.

Allmählich kehrten mir Erinnerungen
zurück, da ich sie ansah, und. erstaunt
ward ich gewahr, daß die verblichnen Farben
harmonischer geworden; was einst grell
geleuchtet, war jetzt abgetönt und zart.
Ja ja, die Zeit ist eine Künstlerin!

VERZEICHNIS.

1. Chinoiserien.

2. Flug.

3. Tao.

4. Wechsel.

5. Tag.

6. Der Weise.

7. Meine Laute.

8. Ich weiß es nicht.

9. Das Wiegenlied.

10. Singvögel.

11. Seide.

12. Sei auf der Hut!

13. Der Freund

14. Die Perle.

15. Einerlei.

16. Der Schmetterling.

Unser **Ziel die Unendlichkeit der Wirkkreise von Bienensiebensternen über die ganze Erde zu verbreiten ist Mitte März 2012 erreicht.** In einem Wirkkreis sind alle Ursachen für Krankheiten die durch Wasseradern oder Gitternetze entstehen wie Krebs, MS oder spröde Knochen, beseitigt. Das bedeutet kein Lebewesen wird dadurch mehr krank. Die Erde ist ab dem 11.11.2019 zum Lichtplanet aufgestiegen. Das nächste heißt **durchhalten.** Wie Goethe so deutlich sagt: **„Nach dem Siege binde den Helm fester".** Angriffe kommen aus jeder Ecke und sind nur **schwer zu erkennen.** Darum müssen wir jetzt besonders wachsam sein. Wenn einmal genügend Steinsetzungen und positiv handelnde Menschen vorhanden sind wird unsere Erde von Licht durchflutet sein und alles Negative, Dunkle verschwinden.

Auf, auf → zum Licht

Die Erde ist am 11.11.2019 ein „**Lichtplanet**" geworden.

Darum müssen wir ab jetzt unser Gebet erweitern:

Dein Name werde geheiligt >>> Durch uns
Dein Wille geschehe   >>> Durch uns
Dein Reich komme   >>> Durch uns

Wenn wir davon ausgehen das Wahrheit nur sein kann
das:

„Alles was vom Schöpfer kommt wahr ist.
Der Himmel, das Mineralreich, die Pflanzen- und
Tierwelt sind
wahr. Nur der Mensch ist unwahr wenn er nicht von
Schöpfer
durchdrungen ist."

Dann müssen wir auch mal nach oben schauen um zu
sehen,
zu erfühlen wie unser Schöpfer darauf wartet das wir
tätig werden und selbst die Dinge die uns bewegen
in die Hand nehmen.

So habe ich vor 20 Jahren gefühlt dass die Erde Energie
benötigt um ihrem und unserem Ziel dem " Licht" näher
zu kommen. Die Bienen unsere Helfer haben es nun in
der heiligen geometrischen Form des Bienensiebensterns
geschafft so eine große Menge kosmischer Energien auf
der Erde zu bündeln das sie zum Lichtplaneten
aufgestiegen ist. Wie sagt Goethe so treffend: „Nach dem
Siege binde den Helm fester". So können wir diesen mit
vielen Wehen behafteten Wandlungs-Prozess weiter
unterstützen.
Alles Positive was wir gelernt haben oder uns eingegeben
wurde muss nun in praktischen Werken verbreitet
werden.
Hierzu gehört die Heilige Geometrie, die transzendenten
Zahlen, alle damit konstruierten Bauwerke,
Steinsetzungen ob Steinkreise, Siebensterne,

Wallanlagen, Achten, Lemniskate, Spiralen, Labyrinthe, Troja-Burgen, Kraftorte auch Gitternetze oder Leylinien.

Rationale Zahlen.
1,2,3,4,5,6,7,8,9 u.s.f.

Irrationale, transzendente Zahlen.
Kreiszahl Pi = 3,14
Eulersche Zahl = 2,71
Teilungsverhältnis des
Goldenen Schnitt = 1,6
Wurzel aus 2 = 1,414
Fibonacci Reihe 1,1,2,3,5,8,13 u.s.f.

Wir sind auf dieser Erde um uns weiter zu entwickeln damit wir in Richtung Licht aufsteigen können. Dazu benötigen wir wieder funktionierende Einweihungsstätten wie früher die Pyramiden oder Tempel, Externsteine und viele andere Kraftorte es waren, Unsere Vorfahren die Hyperboreer, die Gotteskinder mit ihrer Hauptstadt Thule in Grönland, dem Grünen Land, wie es vor den Eiszeiten hieß, besaßen noch vor vielen hunderttausend Jahren dieses Heilige Wissen da sie dem Gotte näher waren als wir es uns heute denken können. Die Hyperboreer hatten lange Köpfe und waren die Erbauer von Atlantis. Etwas davon können wir noch erfahren in Ägypten, Südafrika, Südamerika, Malta, England (das Kraftwerk Stonehenge), Frankreich (das Kraftwerk Carnac) oder bei uns die europäische Energiezentrale „Externsteine" mit

187

der Externstein-Dreieck-Pyramide die noch heute bis zu
den Kanaren und nach Gizeh reicht und voll in Betrieb
ist.

Fangen wir an:

Was wir alle benötigen ist ein Einweihungsplatz ein Ort
wo wir Stille üben können. Da haben wir die besten
Vorlagen aus der Königskammer in Gizeh. Ein
Wissender wie Axel Klitzke, Kamsdorf,
(https;//www.hores.org) kann hierfür Masse weitergeben
die einer energetisch optimal Umgebung entsprechen.
Dieser Ort könnte wie ein Sarg gestaltet werden damit
später unsere sterblichen Überreste in der Heiligen
Geometrie ruhen können. Für diesen Fall kann man als
Urne auch den Feuertopf verwenden der zur Agnihotra
Zeremonie benutzt wird. Dieser Topf ist eine umgekehrte
Stufen-Pyramide mit dem Steigungswinkel von 51,2°
und hat die gleiche Energieausstrahlung wie ein
Bienensiebenstern.

Als nächstes kann man aus den gefundenen Massen in
den Einweihungsstätten der ägyptischen Tempelanlagen
die für uns günstigsten Abmessungen zum Bau eines
harmonischen Wohngebäudes oder Fabrikanlage,
Stadtplanung zusammenfassen.

Weiter haben uns die Honig Bienen Siebensterne wovon
in Deutschland etwa 400 und weltweit über 1500 in
Betrieb sind zum Licht geholfen. In einem
Bienensiebenstern wird kosmische Energie aus dem
Weltall gebündelt und im Kugelumfang von 4,2 km auf
die Erde verteilt. Dadurch sind weltweit ab Juni 2012 alle
krankmachenden Wirkungen durch Gitternetze oder
Wasseradern beseitigt. Zudem ist die Erde mit Bienen
Hilfe ab 11.11.2019 ein Lichtplanet geworden. Das heißt
die Lichtkräfte setzen sich in der kommenden für uns

unruhigen Zeiten durch, bis das Licht in allen Bereichen strahlt.

Hier ein Vorschlag, wie man Bienen optimal im Siebenstern aufstellt mit den Wirkungen der etwa 350 000 Bienen Seelchen, der Heiligen Geometrie durch den Siebenstern 360:7 = 51,4° von Volk zu Volk mit 6° Abweichung von Nord im Durchmesser von 13 m, vier Antennen NOSW im Dreieck von 3,14 m Seitenlänge, mit einem Gitter Viereck um den Bienenkreis (quadratura circuli), weiteren sieben Steinkreisen davon zwei mit Edelsteinen ausgelegt.

Das Ergebnis ist ein Wirkkreis in dem die harmonisierenden Kräfte der Bienen aktiv sind von 580 km im Kugelumfang und eine Energieleistung von mehreren Trilliarden Boviseinheiten die über neue und uralte Leylinien-Wege nach Gizeh und weiter um die Welt zu den wichtigsten Kultstätten geleitet wird um diese wieder zu beleben.

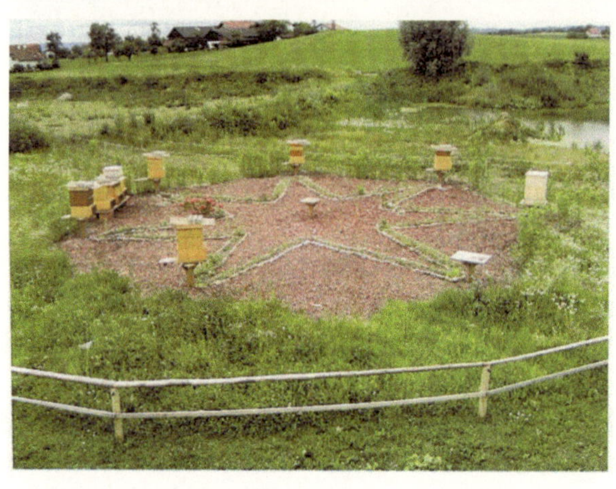

**Bienen Siebenstern von Rupert Lechner
St. Radegond in Österreich**

Nachwort des Herausgebers.

Die drei Grundweisheiten des Lebens sind im Tagebuch gut herausgearbeitet. 1. „Anziehung der Gleichheit". Amalie und Robert passten gut zusammen. 2. „Gesetz der Wechselwirkung". Wer Weizen sät wird Weizen ernten. Kunst schaffen und damit glücklich sein. 3. „Gesetz der Schwere". Alles Dunkle bleibt unten in Kaffeesatz, alles Helle wie die Liebe, die Seelen steigen nach oben in den Himmel. So nun haben wir die verschiedensten Möglichkeiten gelesen, wie unsere großen Denker und Philosophen es uns gezeigt haben. Man kann sich aufgrund dieser Aussagen das „Gymnasium der Reife" selbst zusammenstellen. Im folgenden Bücher-Anhang sind einige gute Hilfen ausführlich beschrieben. Wenn wir auch nur ein wenig davon ernsthaft durchführen, haben wir schon einen großen Schritt in Richtung Reife erlangt. Man muss nur damit beginnen - das ist das Schwerste, wie immer im Leben.

.

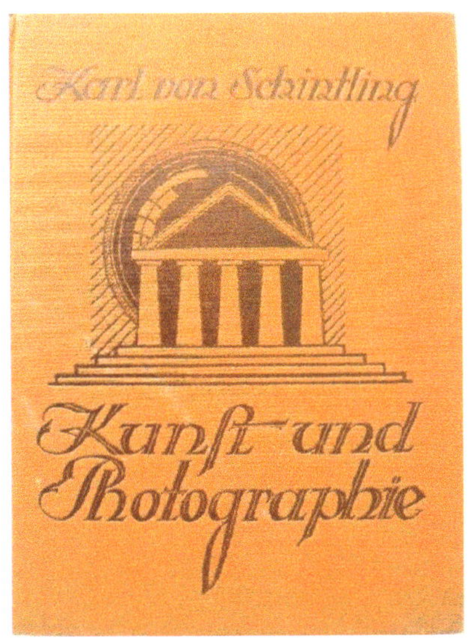

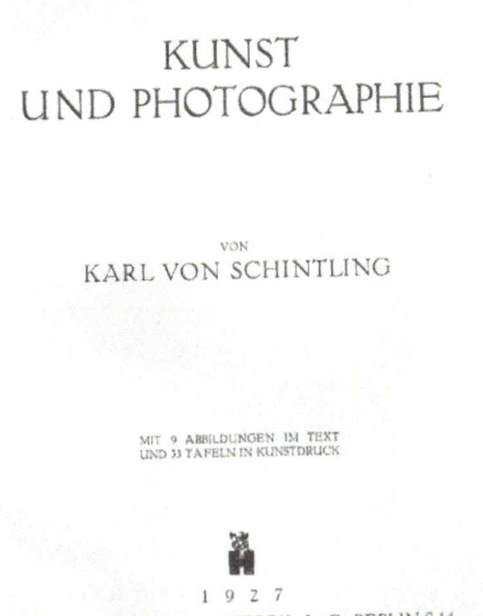

„Kunst und Photographie" ist noch bei ZVAB zu kaufen.

Bücherliste   von Volker von Schintling-Horny

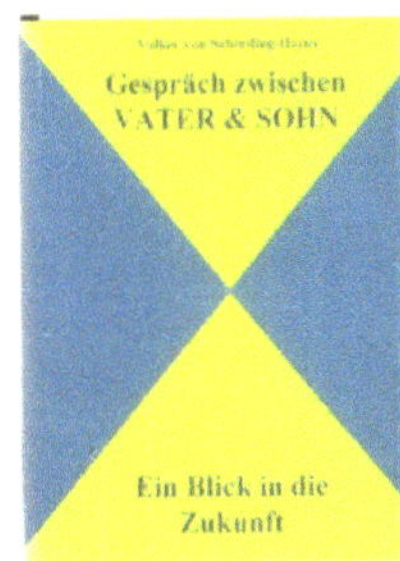

„Gespräch zwischen Vater und Sohn" 3.Auflage 2004   LSH Verlag   Hier habe ich mit einem Sohn das fiktive Gespräch auf folgende Themen gerichtet. Ein Blick in die Zukunft, Kunst, Frankfurter Schule, Insider, Israel, Gelddruckerei, Kommender Erlöser, Gruppendynamik, Mauerfall, Briefe an die Kinder.
260 Seiten
€ 26,00

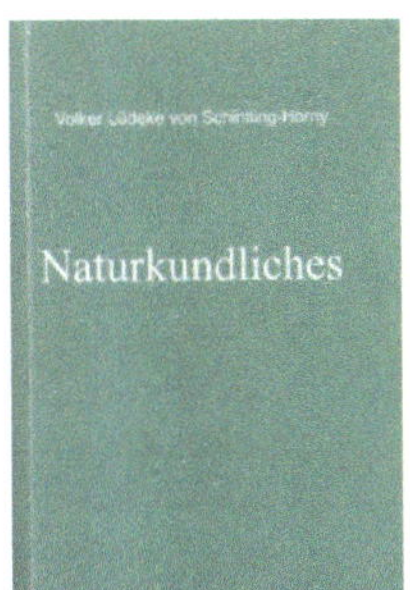

„Naturkundliches" 2. Auflage 2004/2009 LSH Verlag   Zusammenfassung der Kräuter und Rutengänger Seminare von Irmgart und Hugo Grote in Föckinghausen Sauerland 1995 bis 2012, Auszüge aus Schriften von Heinrich Sannemann über Ernährung, Bäume, Wasser, Licht.
196 Seiten
€ 22,90

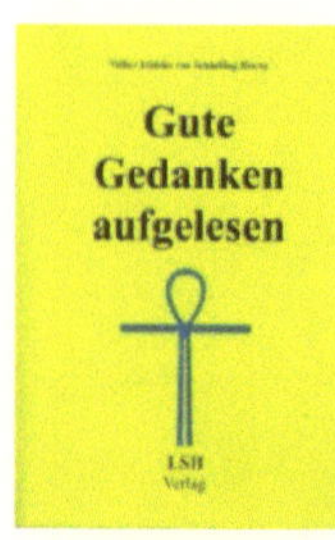

„Gute Gedanken aufgelesen" 2. Auflage 2008/2010
LSH Verlag
Kunst, Politik, Familie, Benker Kuben, Weisheit.
Auszüge aus Seminaren und Schriften sowie viele
Tipps zu unseren täglichen Fragen.
396 Seiten
€ 29,90

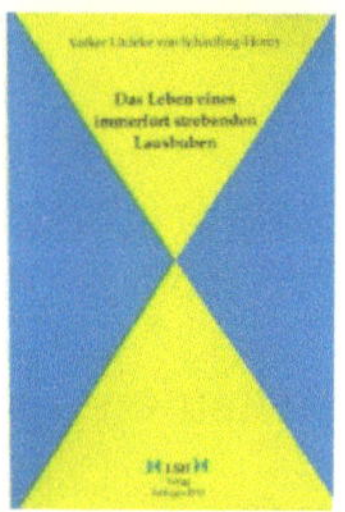

**„Das Leben eines immerfort strebenden
Lausbuben"** 1.Auflage 2010
LSH Verlag In Wort und Bild meine
Lebenserinnerungen von der Kindheit angefangen,
Schulzeit, Studium, Beruf und Selbständigkeit, sowie.
Familie und Hobbys.
376 Seiten   € 29,90

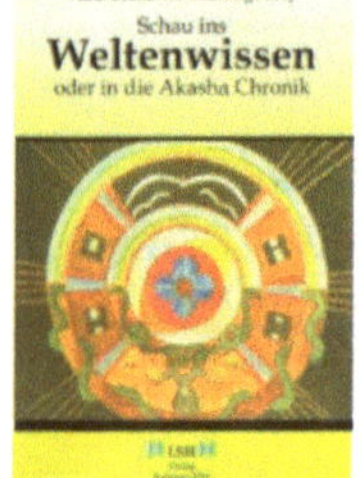

**„Schau ins Weltenwissen oder in die Akasha
Chronik"** 1. Auflage 2010 LSH Verlag   Alles
ästhetisch Vertretbare ist aus dem großen
Weltgedächtnis abrufbar mit Gefühl, Muskeltest,
Rute, Pendel, Traum, Rumpelstilzchen Tanz. Benker
Kuben, Schlafplatz.
83 Seiten   € 15,50

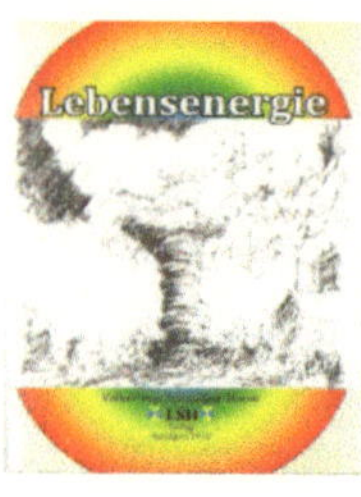

„Lebensenergie" 1. Auflage 2010   LSH Verlag
Leben mit Energie, Energiekreise, Symbolenergien
von Runen, Bäume als Energieanzeiger, Benker
Kuben, Huna Energie der Polynesier.
206 Seiten   € 22,90

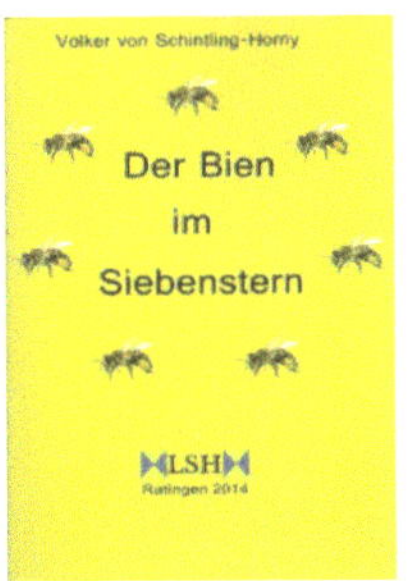
Volker von Schintling-Horny
Der Bien
im
Siebenstern
⊠LSH⊠
Ratingen 2014

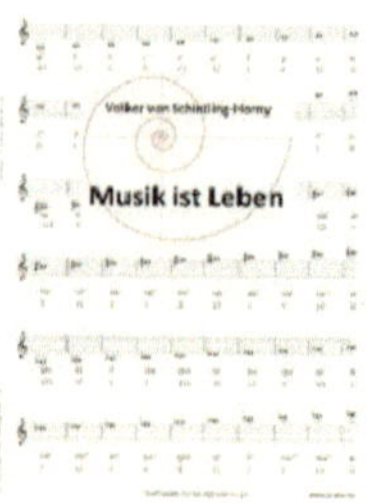

Musik ist Leben „ 1. Auflage 2015 tredition Verlag Hamburg. Überall wo der göttliche goldene Schnitt mitklingt ist Leben. Das Waldhorn, Sphärenklänge an unseres Daseins Grenzen, Mathematische Strukturen, Harmonieweisheit, Notation.
ISBN   978-37323-2963-2 Paperback,   € 12,95
.   978-37323-2964-9 Hardcover,   € 17,75
.   978-37323-2965-6   E-Books   € 2,99
          146 Seiten

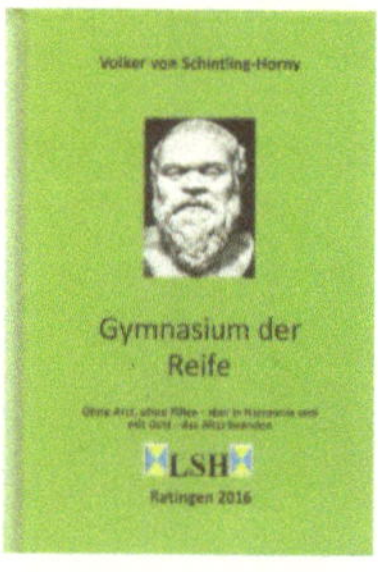

„ Gymnasium der Reife, ohne Arzt, ohne Pillen – aber in Harmonie und mit Gott – das Alter beenden. „   1. Auflage 2016 tredition Verlag Hamburg   Jedermann ab 50 Jahren braucht dieses Gymnasium für seine richtige Ernährung, Bewegung des Körpers und Geistes, der ewige Seele, des Vergänglichen Körpers, Geburt und Tod.
.   ISBN 978-37345-0144-9 Paperback,   € 16,99
.   978-37345-0145-6 Hardcover   € 24.99
        180 Seiten

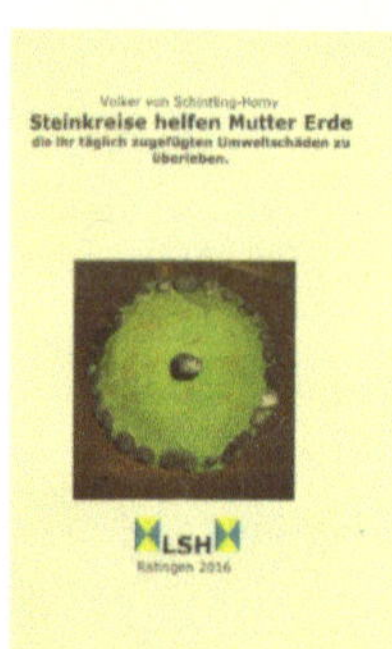

Steinkreise helfen Mutter Erde die ihr ständig zugeführten Umweltschaden zu überleben
2. Auflage 2017   Tredition Verlag Hamburg.
Steinkreise sind Energiebündler, Bovis Skala, Schaltstein, Boitiner Steinkreise. Externsteine, Pyramidendreieck, Energietransport, Leylinien.
108 Seiten
ISBN 978-3-7439-7143-1 (Paperback) € 19,50
        978-3-7439-7144-8 (Hardcover) € 25,50
        978-3-74039-7145-5 (eBook) € 3,99

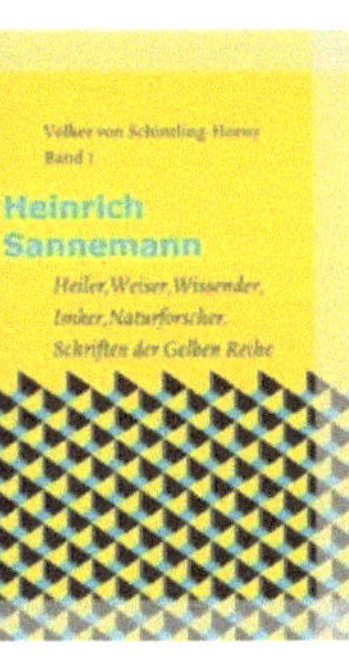

Heinrich Sannemann Band 1 1. Auflage 2017, Tredition Verlag Hamburg. Schriften der Gelben Reihe Heft 1 bis 4 Der Bien und seine wahre Aufgabe auf Erden, Die Entwicklung des Planeten Erde, Vater wir preisen Dich, Gott sprach: Lasst uns Menschen machen nach unserem Bilde.
Band 1   740 Seiten

        ISBN 978-3-7439-5222-5 (Paperback) € 24,95
              978-3-7439-5223-2 (Hardcover) € 29,31
              978-3-7439-5224-9 (E-Books)   € 2,99

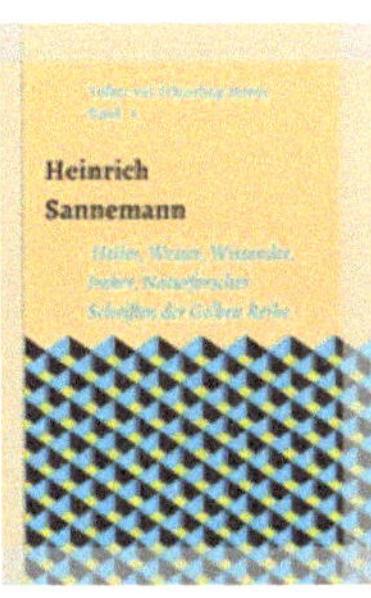

„Heinrich Sannemann" Band 2   1 Auflage 2017 Heiler, Weiser, Wissender, Imker, Naturforscher. Schriften der Gelben Reihe Heft 5 bis 7 Die Wiederbelebung unseres Erdbodens. Belehrungen für den Jetzt-Zeit-Menschen 1.   Belehrungen für den Jetzt-Zeit-Menschen 2. Der Stern von Bethlehem leuchtet   **Band 2**   674 Seiten
ISBN 978-3-7439-5769-5 (Paperback) € 24,99
        978-3-7439-5770-1 (Hardcover) € 29,99
        978-3-7439-5771-8 (E-Books)   € 3,99

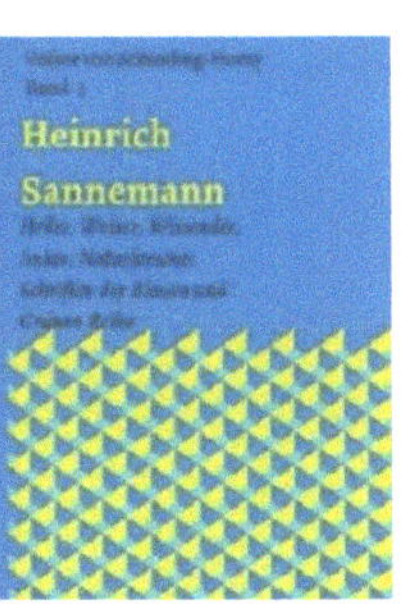

„Heinrich Sannemann" Band 3.   1. Auflage 2017 Heiler, Weiser, Wissender, Imker, Naturforscher. Schriften der Blauen Reihe Heft 1 bis 3 und Grünen Reihe Heft 1 Wachet auf, Sehnsucht nach Liebe, Auf dem Weg zum Licht und Unsere Arbeit   1.Auflage 2017 tredition Verlag
.   **Band 3**   376 Seiten
ISBN 978-3-7439-6150-0 (Paperback) € 19,99
        978-3-7439-6151-7 (Hardcover) € 23,99
        978-3-7439-6152-4 (E-Books)   € 4,99

Heinrich Sannemann" Band.4   1. Auflage 2017   Heiler,
Weiser, Wissender, Imker, Naturforscher mit den „**Neuen
Nachrichten** Verlag Tredition Hamburg
.   **Band 4**   352 Seiten.

ISBN 978-3-7439- (Paperback)   € 19,00
.   978-3-7439- (Hardcover)   € 25,00
.   978-3-7439- (E-Books)   € 4,00

Hier beschreibt Heinrich Sannemann unser Weltgeschehen in der
letzten Phase, **U-Boot und**   **Flugscheiben-Antriebe**, Gesundheit
und sein Lieblingsthema Wasser. Damit sind nun alle Schriften von
Heinrich Sannemann in den Bänden 1 Gelbe Reihe eins, 2 Gelbe
Reihe zwei, 3 Blaue und Grüne Reihe und 4 Neue Nachrichten,
zusammengefasst.

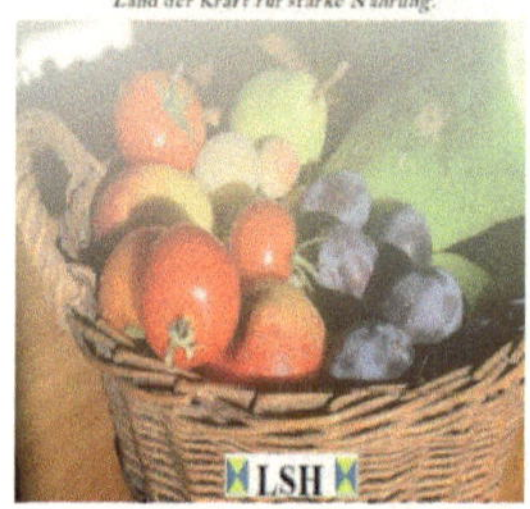

„ALL-KRAFT" 1. Auflage 2018 Kräfte und
Energien aus dem All auf der Erde gebündelt und
nutzbringend eingesetzt. Fünf Steinkreise
erzeugen ein Land der Kraft für starke Nahrung.
Tredition Verlag Hamburg. www.tredition.de
oder E-Mail: info@tredition.de Dort im Shop
oder unter WWW: schintlinghorny.de Seite:
Literatur/Beiträge informative Leseprobe starten.
Inhalt: Die Harmonisierung vom Gemüsegarten
bis zu 80 ha großen Ackerflächen mit dem Erfolg
weniger Dünger, weniger Spritzmittel, oder
bessere Heilungschancen in Krankenhäusern,
besserer Notendurchschnitt in Schulen sowie die
Magnetschwebebahn aus der Megalith Zeit. Sehr lesenswert und
zukunftsweisend   240 Seiten

.ISBN 978-3-7469-7023-3 (Paperback)   € 19,99
.   978-3-7469-7024-0 (Hardcover)   € 28,50
.   978-3-7469-7025-7 (E-Books)   € 4.99